BASIC GREEK

CONVERSATION

BY: THEODORE C. PAPALOIZOS, Ph.D.

TABLE OF CONTENTS

Part 1

Part 2

PART ONE

VOCABULARY

VOCABULARY

1. How we greet:

good morning	καλημέρα
good evening	καλησπέρα
good night	καληνύχτα
goodbye, hello	χαίρετε
goodbye	αντίο
hello	γεια σου, γεια σας

2. Names:

George	ο Γιώργος	Sophie	η	Σοφία
John	ο Γιάννης	Maria	η	Μαρία
Andrew	ο Ανδρέας	Helen	η	Ελένη
Nick	ο Νίκος	Irene	η	Ειρήνη
Dimitri,		Eve	η	Εύα
James	ο Δημήτρης	Kalliopi	η	Καλλιόπη
Michael	ο Μιχάλης	Anastasia	η	Αναστασία
Constantine	ο Κώστας	Ourania	η	Ουρανία
Emmanuel	ο Μανώλης	Catherine	η	Κατερίνα

3. Other words:

name	το όνομα	railway station	ο σιδηροδρομικός σταθμός
money	τα λεφτά		
glass	το ποτήρι	radio station	ο ραδιοφωνικός σταθμός
leaf	το φύλλο		
market	η αγορά	police station	ο αστυνομικός σταθμός
airplane	το αεροπλάνο		
airport	το αεροδρόμιο	taxi stop	ο σταθμός ταξί
shop	το μαγαζί,	zoo	ο ζωολογικός κήπος
	το κατάστημα	port, harbor	το λιμάνι
street	ο δρόμος, η οδός	opera	η όπερα
theater	το θέατρο	cinema	το σινεμά,
museum	το μουσείο		ο κινηματογράφος
hotel	το ξενοδοχείο	hospital	το νοσοκομείο
restaurant	το εστιατόριο	hotel	το ξενοδοχείο
tavern	η ταβέρνα	library	η βιβλιοθήκη
pharmacy	το φαρμακείο	bookcase	η βιβλιοθήκη
bank	η τράπεζα	university	το πανεπιστήμιο
park	το πάρκο	church	η εκκλησία
station	ο σταθμός		
bus station	ο σταθμός λεωφορείων		

mountain	το βουνό	countryside	η εξοχή
trip	το ταξίδι	suitcase	η βαλίτσα
ticket	το εισιτήριο	dollar	το δολλάριο
drachma	η δραχμή	information	η πληροφορία
newspaper	η εφημερίδα	magazine, periodical	το περιοδικό
post card	η κάρτα	rose	το τριαντάφυλλο
flower	το λουλούδι, το άνθος		
carnation	το γαρύφαλο		

4. The house　　　Το σπίτι

house	το σπίτι	apartment	το διαμέρισμα
apartment house	η πολυκατοικία	garage	το γκαράζ
yard	η αυλή	room	το δωμάτιο
living room	η σάλα	dining room	η τραπεζαρία
kitchen	η κουζίνα	bathroom	το μπάνιο, το λουτρό,
hall	το χωλ		η τουαλέτα
wall	ο τοίχος	window	το παράθυρο
door	η πόρτα	family room	το καθιστικό
sofa, couch	ο καναπές	chair	η καρέκλα
table	το τραπέζι	lamp	η λάμπα
light	το φως	desk	το γραφείο
refrigerator	το ψυγείο	electric stove	η ηλεκτρική κουζίνα
cupboard, closet	το ντουλάπι	drawer	το συρτάρι
plate	το πιάτο	knife	το μαχαίρι
spoon	το κουτάλι	small spoon	το κουταλάκι
fork	το πιρούνι	the dish	η πιατέλα

5. Transportation:

car	το αυτοκίνητο	airplane	το αεροπλάνο
train	ο σιδηρόδρομος, το τρένο	boat	η βάρκα, το πλοίο,
steamship	το πλοίο, το βαπόρι		το βαπόρι
oceanliner	το υπερωκεάνιο	bicycle	το ποδήλατο
motorcycle	η μοτοσυκλέτα	helicopter	το ελικόπτερο
limousine	η λιμουζίνα		

6. Weather:　Ο καιρός

temperature	η θερμοκρασία	cold	κρύο
heat	ζέστη	humidity	η υγρασία
rain	η βροχή	cloud	το σύννεφο
snow	το χιόνι	atmosphere	η ατμόσφαιρα
air	ο αέρας	wind	ο άνεμος
earth	η γη	sea	η θάλασσα
sky	ο ουρανός	moon	το φεγγάρι
sun	ο ήλιος	star	το άστρο
planet	ο πλανήτης		

7. Persons:

man	ο άνθρωπος, ο άντρας	woman	η γυναίκα
child	το παιδί	boy	το αγόρι
girl	το κορίτσι	father	ο πατέρας
mother	η μητέρα	brother	ο αδελφός
sister	η αδελφή	brothers and sisters	τα αδέλφια
grandfather	ο παππούς	grandmother	η γιαγιά
family	η οικογένεια		

8. Verbs: ρήματα

I am	είμαι	I thank	ευχαριστώ
I have	έχω	I want	θέλω
please	παρακαλώ	I see	βλέπω
I eat	τρώγω	I drink	πίνω
I speak	μιλώ	I understand	καταλαβαίνω
I go	πηγαίνω	I live	ζω
I stay	μένω	I am glad	χαίρομαι
I come	έρχομαι	I prefer	προτιμώ
I take	παίρνω	I buy	αγοράζω
I need	χρειάζομαι	I can, I may	μπορώ
I like	μου αρέσει	must	πρέπει
I write	γράφω	I play	παίζω
I do, I make	κάνω	I think	νομίζω
I pay	πληρώνω	I travel	ταξιδεύω
I arrive	φτάνω	I find	βρίσκω
I think	σκέφτομαι	I know	ξέρω
I leave, I go away	φεύγω	I turn, I return	γυρίζω
I work	δουλεύω		

9. Adjectives:

few	λίγος - λίγη - λίγο
much	πολύ
many	πολλοί - πολλές - πολλά
cold	κρύος - κρύα - κρύο
hot, warm	ζεστός - ζεστή - ζεστό
other, another	άλλος - άλλη - άλλο
big, large, great	μεγάλος - μεγάλη - μεγάλο
small	μικρός - μικρή - μικρό
beautiful	ωραίος - ωραία - ωραίο
	όμορφος - όμορφη - όμορφο
enough	αρκετός - αρκετή - αρκετό - αρκετά
sweet	γλυκός - γλυκιά - γλυκό
bitter	πικρός - πικρή - πικρό

- 3 -

sour	ξινός – ξινή – ξινό
soft	μαλακός – μαλακή – μαλακό
hard	σκληρός – σκληρή – σκληρό
ugly	άσχημος – άσχημη – άσχημο
tall	ψηλός – ψηλή – ψηλό
short	κοντός – κοντή – κοντό
low	χαμηλός – χαμηλή – χαμηλό
good	καλός – καλή – καλό
bad	κακός – κακή – κακό
smart	έξυπνος – έξυπνη – έξυπνο
exceptional	εξαιρετικός – εξαιρετική – εξαιρετικό
happy	ευτυχισμένος – ευτυχισμένη – ευτυχισμένο
unhappy	δυστυχισμένος – δυστυχισμένη – δυστυχισμένο
able	ικανός – ικανή – ικανό
unable	ανίκανος – ανίκανη – ανίκανο
false	ψεύτικος – ψεύτικη – ψεύτικο
pleased	ευχαριστημένος – ευχαριστημένη – ευχαριστημένο

10. **Pronouns**:

I	εγώ
you	εσύ
he	αυτός
she	αυτή
it	αυτό
we	εμείς
you	εσείς
they	αυτοί, αυτές (fem.) αυτά (neu.)

mine	μου
who, which	ποιος, ποια, ποιο
what?	τι;
other, another	άλλος – άλλη – άλλο
nothing	τίποτε, τίποτα
this	αυτός – αυτή – αυτό
that	εκείνος – εκείνη – εκείνο
someone	κάποιος – κάποια – κάποιο
no one	κανένας – καμιά – κανένα
anyone	όποιος – όποια – όποιο
everyone	όλοι – όλες – όλα

11. **Adverbs**:

well	καλά	how?	πώς;

no	όχι	yes	μάλιστα, ναι
of course	βέβαια, βεβαίως	when	όταν
never	ποτέ	sometimes	κάποτε
always	πάντοτε	no, not	δεν
many times	πολλές φορές	quickly	γρήγορα

where?	πού;	nowhere	πουθενά
somewhere	κάπου	everywhere	παντού

perhaps	ίσως	possibly	πιθανόν
slowly	σιγά	fast, quickly	γρήγορα
wonderfully	θαυμάσια	nicely	ωραία
badly	άσχημα, κακά	continuously	διαρκώς
perfectly	τέλεια	suddenly	ξαφνικά
exactly	ακριβώς	at once	μονομιάς
completely	εντελώς	fortunately	ευτυχώς
at least	τουλάχιστο	much	πολύ
little	λίγο	almost	σχεδόν
rather	μάλλον	equally	εξίσου

here	εδώ	there	εκεί
up	πάνω	down	κάτω
right	δεξιά	left	αριστερά
near, close	κοντά	far	μακριά
in	μέσα	out, outside	έξω
from above	από πάνω	from below	από κάτω
in front	μπροστά	back	πίσω

when?	πότε;	sometimes	κάποτε
never	ποτέ	always	πάντοτε
then	τότε	whenever	όποτε
at once	αμέσως	already	ήδη, κιόλας
again	πάλι, ξανά	often	συχνά
usually	συνήθως	after	ύστερα, κατόπιν, μετά,
before	πριν		έπειτα
early	νωρίς	late	αργά
quickly	γρήγορα		

12. <u>What we eat</u>:

breakfast	το πρόγευμα	lunch	το γεύμα
dinner	το δείπνο, το βραδινό φαγητό		
egg	το αυγό	toast	η φρυγανιά
butter	το βούτυρο	sugar	η ζάχαρη
marmalade	η μαρμελάδα	fried eggs	αυγά τηγανιτά

soft boiled eggs	αυγά μελάτα	hard boiled eggs	σφικτά αυγά
scrabbled eggs	χτυπητά αυγά	omelet	η ομελέτα

ham	το ζαμπόν	sausage	το λουκάνικο
bread	το ψωμί	white bread	το άσπρο ψωμί
wheat bread	το σιταρένιο ψωμί, μαύρο ψωμί		
croissant	το κροασάντ	cheese	το τυρί
olive	η ελιά	olive oil	το λάδι
vinegar	το ξύδι		

food	η τροφή	meal	το φαγητό
soup	η σούπα	meat	το κρέας
chicken	το κοτόπουλο, η κότα		
beef	βωδινό	veal	το βιδέλο
pork	χοιρινό	pork chops	χοιρινές μπριζόλες
lamb	αρνί, αρνάκι	shiskebab	το σουβλάκι
hamburger	το μπιφτέκι	fish	το ψάρι
tuna	ο τόνος	salmon	ο σολομός
macaroni	τα μακαρόνια	rice	το ρύζι
rice pilaf	ρύζι πιλάφι	pastichio	το παστίτσο
mussaka	ο μουσακάς	beans	τα φασόλια
string beans	τα φασολάκια	lentils	η φακή, οι φακιές
eggplant	η μελιτζάνα	okra	η μπάμια
vegetables	τα λαχανικά	cabbage	το λάχανο

potato	η πατάτα	tomato	η τομάτα
spinach pie	η σπανακόπιτα	cheese pie	η τυρόπιτα
yogurt	το γιαούρτι, η γιαούρτη		
lettuce	το μαρούλι	cucumber	το αγγούρι, το αγγουράκι
radish	το ρεπάνι		
onion	το κρεμμύδι	garlic	το σκόρδο
salt	το αλάτι	pepper	το πιπέρι
pepper	η πιπεριά	flour	το αλεύρι
dill	το άνηθο	cinnamon	η κανέλα
origano	η ρίγανη	salad	η σαλάτα
potato salad	η πατατοσαλάτα	appetite	η όρεξη
icecream	το παγωτό	baklava	ο μπακλαβάς
kadaif	το κανταΐφι	galatoboureko	το γαλατομπούρεκο

13. **Fruit:**

orange	το πορτοκάλι	tangerine	το μανταρίνι
apple	το μήλο	lemon	το λεμόνι
watermelon	το καρπούζι	cantaloupe	το πεπόνι
strawberry	η φράουλα	banana	η μπανάνα
apricot	το βερύκοκο	cherry	το κεράσι

peach	το ροδάκινο	pear	το απίδι, το αχλάδι
grapes	τα σταφύλι, τα σταφύλια		
prune	το δαμάσκηνο	walnut	το καρύδι
almond	το αμύγδαλο	raisin	η σταφίδα
peanut	το φυστίκι		

14. What we drink:

water	το νερό	milk	το γάλα
soft drink	το αναψυκτικό	lemonade	η λεμονάδα
orangeade	η πορτοκαλάδα	orange juice	η πορτοκαλάδα
beer	η μπύρα	wine	το κρασί
cognac	το κονιάκ	chocolate	η σοκολάτα
coffee	ο καφές	tea	το τσάι
ouzo	το ούζο		

15. What we wear:

clothes	τα ρούχα	jacket	το σακάκι
trousers, pants	το πανταλόνι	shoe	το παπούτσι
tie	η γραβάτα	suit	η φορεσιά, το κοστούμι
hat	το καπέλο	dress	το φόρεμα, το φουστάνι
shirt	το πουκάμισο	coat, overcoat	το παλτό, το πανωφόρι
skirt	η φούστα	blouse	η μπλούζα
sock	η κάλτσα	belt	η ζώνη
undershirt	η φανέλα		
glove, gloves	το γάντι, τα γάντια		
watch	το ρολόι	earrings	τα σκουλαρίκια
bracelet	το βραχιόλι		

16. Cardinal numerals:

one	ένα	eleven	έντεκα
two	δύο, δυο	twelve	δώδεκα
three	τρία	thirteen	δεκατρία
four	τέσσερα	fourteen	δεκατέσσερα
five	πέντε	fifteen	δεκαπέντε
six	έξι	sixteen	δεκαέξι
seven	εφτά	seventeen	δεκαεφτά
eight	οχτώ	eighteen	δεκαοχτώ
nine	εννιά	nineteen	δεκαεννιά
ten	δέκα	twenty	είκοσι
twenty-one	είκοσι ένα		
thirty	τριάντα	thirty-one	τριάντα ένα
forty	σαράντα	forty-one	σαράντα ένα

fifty	πενήντα	fifty-one	πενήντα ένα
sixty	εξήντα	sevety	εβδομήντα
eighty	ογδόντα	ninety	ενενήντα
one hundred	εκατόν		

17. Ordinal numerals:

first	πρώτος - πρώτη - πρώτο
second	δεύτερος - δεύτερη - δεύτερο
third	τρίτος - τρίτη - τρίτο
fourth	τέταρτος - τέταρτη - τέταρτο
fifth	πέμπτος - πέμπτη - πέμπτο
sixth	έκτος - έκτη - έκτο
seventh	έβδομος - έβδομη - έβδομο
eighth	όγδοος - όγδοη - όγδοο
ninth	ένατος - ένατη - ένατο
tenth	δέκατος - δέκατη - δέκατο
eleventh	εντέκατος - εντέκατη - εντέκατο
twelfth	δωδέκατος - δωδέκατη - δωδέκατο
thirteenth	δέκατος τρίτος - δέκατη τρίτη - δέκατο τρίτο
twentieth	εικοστός - εικοστή - εικοστό

18. Parts of the body:

foot	το πόδι	eye	το μάτι
head	το κεφάλι	hand	το χέρι
ear	το αυτί	hair	τα μαλλιά
chest	το στήθος	body	το κορμί, το σώμα
knee	το γόνατο	finger	το δάχτυλο
toe	το δάχτυλο	nose	η μύτη
throat	ο λαιμός	stomach	το στομάχι
belly	η κοιλιά	mouth	το στόμα
tooth	το δόντι	tongue	η γλώσσα
palm	η παλάμη		

19. Having to do with school:

a teacher (man)	ένας δάσκαλος	a teacher (woman)	μια δασκάλα
book	το βιβλίο	pencil	το μολύβι
notebook	το τετράδιο	pen	η πένα
the blackboard	ο πίνακας	desk	το θρανίο
pupil (boy)	ο μαθητής	pupil (girl)	η μαθήτρια
student (man)	ο φοιτητής	student (woman)	η φοιτήτρια
professor (man)	ο καθηγητής	professor (woman)	η καθηγήτρια
college	το κολλέγιο	university	το πανεπιστήμιο
diploma	το δίπλωμα		

20. Colors: Το χρώμα - τα χρώματα

red	κόκκινος - κόκκινη - κόκκινο
blue	γαλάζιος - γαλάζια - γαλάζιο
	γαλανός - γαλανή - γαλανό
	μπλε
green	πράσινος - πράσινη - πράσινο
yellow	κίτρινος - κίτρινη - κίτρινο
black	μαύρος - μαύρη - μαύρο
white	άσπρος - άσπρη - άσπρο
brown	καστανός - καστανή - καστανό
	καφέ
purple	πορφυρένιος - πορφυρένια - πορφυρένιο

21. Languages:

Greek	ελληνικά	English	αγγλικά
French	γαλλικά	Italian	ιταλικά
German	γερμανικά	Spanish	ισπανικά
Russian	ρωσσικά	Arabic	αραβικά
Japanese	ιαπωνικά	Chinese	κινέζικα

22. Prepositions:

from	από	to the, on the	στον - στη(ν) - στο
to	σε		

23. Particles:

why?	γιατί;	where?	πού;
shall, will	θα		

24. Countries:

Greece	η Ελλάδα	Unites States of America	οι Ηνωμένες Πολιτείες της Αμερικής
America	η Αμερική	England	η Αγγλία
France	η Γαλλία	Germany	η Γερμανία
Canada	ο Καναδάς	Italy	η Ιταλία
Japan	η Ιαπωνία	China	η Κίνα
Russia	η Ρωσσία	Egypt	η Αίγυπτος
Mexico	το Μεξικό	Israel	το Ισραήλ

25. Cities:

Athens	η Αθήνα	New York	η Νέα Υόρκη
Washington	η Ουάσιγκτων	London	το Λονδίνο
Paris	το Παρίσι	Rome	η Ρώμη
Moscow	η Μόσχα	Berlin	το Βερολίνο
Cairo	το Κάιρο	Tokyo	το Τόκιο
Los Angeles	το Λος Άντζελες		

26. The days: Οι Μέρες

Sunday	η Κυριακή	Monday	η Δευτέρα
Tuesday	η Τρίτη	Wednesday	η Τετάρτη
Thursday	η Πέμπτη	Friday	η Παρασκευή
Saturday	το Σάββατο		

day	η μέρα
week	η εβδομάδα
hour	η ώρα
minute	το λεπτό
second minute	το δευτερόλεπτο
month	ο μήνας
year	ο χρόνος, το έτος
this year	φέτος
last year	πέρσι
the year before	πρόπερσι
next year	του χρόνου

today	σήμερα
yesterday	χτες
the day before yesterday	προχτές
tomorrow	αύριο
the day after tomorrow	μεθαύριο
last night	ψες
tonight	απόψε

27. The months: Οι μήνες:

January	ο Ιανουάριος	February	ο Φεβρουάριος
March	ο Μάρτιος	April	ο Απρίλιος
May	ο Μάιος	June	ο Ιούνιος
July	ο Ιούλιος	August	ο Αύγουστος
September	ο Σεπτέμβριος	October	ο Οκτώβριος
November	ο Νοέμβριος	December	ο Δεκέμβριος

28. The seasons: Οι εποχές:

spring	η άνοιξη
summer	το καλοκαίρι
autumn	το φθινόπωρο
winter	ο χειμώνας

29. Vocations: Επαγγέλματα:

teacher	ο δάσκαλος, η δασκάλα
doctor	ο γιατρός
porfessor	ο καθηγητής, η καθηγήτρια
priest	ο παπάς, ο ιερέας

lawyer	ο δικηγόρος
pilot	ο πιλότος
policeman	ο αστυνομικός
athlete	ο αθλητής, η αθλήτρια
pharmacist	ο φαρμακοποιός
engineer	ο μηχανικός
actor, actress	ο ηθοποιός
politician	ο πολιτικός
guide	ο οδηγός
hotelier	ο ξενοδόχος
secretary	ο γραμματέας, η γραμματέας
reporter	ο δημοσιογράφος
president	ο πρόεδρος
nurse	ο νοσοκόμος, η νοσοκόμα
minister	ο υπουργός
tailor	ο ράφτης
musician	ο μουσικός
taxi driver	ο ταξιτζής
farmer	ο γεωργός
accountant	ο λογιστής
restaurateur	ο εστιάτορας
mayor	ο δήμαρχος
prime minister	ο πρωθυπουργός

PART TWO
THE CONVERSATION

Lesson 1.
The Greek Alphabet - Letters and Sounds

There are 24 letters in the Greek Alphabet :

α	as	a in f	father	alpha	άλφα
β		v	victory	beta	βήτα
γ		soft g	young	gamma	γάμμα
δ		th	this	delta	δέλτα
ε		e	let	epsilo	έψιλο
ζ		z	zoo	zeta	ζήτα
η		ee	bee	eta	ήτα
θ		th	thin	theta	θήτα
ι		i	it, pick	iota	γιότα
κ		k	kit	kappa	κάππα
λ		l	lot	lambda	λάμδα
μ		m	mother	me	μι
ν		n	not	nee	νι
ξ		x	wax	xee	ξι
ο		o	lot	omicron	όμικρο
π		p	pot	pi	πι
ρ		r	river	ro	ρο
σ, ς*		s	sun	sigma	σίγμα
τ		t	tall	taf	ταυ
υ		i	it	ipsilon	ύψιλο
φ		f	fat	fee	φι
χ		h	hat	he	χι
ψ		ps	lips	psi	ψι
ω		o	not	omega	ωμέγα

Vowel combinations (diphthongs):

αι	e	net	άλφα-γιότα
ει	i	it	έψιλο-γιότα
οι	i	it	όμικρο-γιότα
υι	i	it	ύψιλο-γιότα
ου	oo	look	όμικρο-ύψιλο
αυ	af,av	after, avenue	άλφα-ύψιλο
ευ	ef,ev	effort, every	έψιλο-ύψιλο
ηυ	if,ev	if, evening	ήτα-ύψιλο

Consonant combinations:

μπ	**b**	baby
ντ	**d**	day
γγ	**g**	gate
γκ	**g**	go
τσ	**ts**	tse-tse
τζ	**dz**	adz

---

*σ is used at the beginning or the middle of a word, **s** only at the end.
Capital Σ is used in all positions.

Lesson 2
The Greetings - Χαιρετισμοί

The word for **greet** is **χαιρετώ**   **I greet** - **χαιρετώ**

In the morning, up to 12 o'clock noon, we greet by saying:
a. - Good morning   Καλημέρα
(We can use the greeting all through the day, since καλημέρα means good day.)

In the evening, when we meet someone we greet by the greeting :
b. - Good evening   Καλησπέρα

In the evening, when we leave we use:
c. - Good night   Καληνύχτα

When we meet somebody during the day, or when we leave, we can use the greeting:
d. - Hello, Good bye   Χαίρετε

When we leave, especially when we go for a trip or we depart, we use the French greeting "adieu":
e. - Good bye   Αντίο

We greet friends or people with whom we are well acquainted by:
f. - Hello!   Γεια σου, and γεια σας (formal)

g. The greetings:

Καλημέρα	good morning
καλησπέρα	good evening
καληνύχτα	good night
χαίρετε	hello, goodbye
αντίο	goodbye
γεια σου	hello
γεια σας	hello

Good morning, Mr.Maris.	Καλημέρα, κύριε Μαρή.
Mrs.	Κυρία.
Good morning, Mrs. Maris.	Καλημέρα, κυρία Μαρή.
Hello.	Χαίρετε.
Hello, Mrs. Maris.	Χαίρετε, κυρία Μαρή.
Miss.	Δεσποινίδα

Good evening, Miss Loukas.	Καλησπέρα, δεσποινίδα Λουκά.
Good night	Καληνύχτα
Good night, Mrs. Loukas.	Καληνύχτα, κυρία Λουκά.
Goodbye, Mr. Loukas.	Χαίρετε, κύριε Λουκά.
Goodbye, Mrs.Louka.	Αντίο, κυρία Λουκά.
Hello, George.	Γεια σου, Γιώργο.
Hello, Tom.	Γειά σου, Θωμά.
child	παιδί
children	παιδιά
Good morning, children.	Καλημέρα, παιδιά.
Good evening, children.	Καλησπέρα, παιδιά.
Good night, children.	Καληνύχτα, παιδιά.
Mr.	Κύριος
Good morning, Mr. Vasos.	Καλημέρα, κύριε Βάσο.
Mrs.	Κυρία
Good evening, Mrs. Vasos.	Καλησπέρα, κυρία Βάσου.
Ladies and gentlemen	Κυρίες και κύριοι
Good morning ladies and gentlemen. (Good morning to you ..)	Καλημέρα κυρίες και κύριοι.
Good evening, ladies and gentlemen. (Good evening to you ...)	Καλησπέρα κυρίες και κύριοι.

Lesson 3
Names - What is your name?

1. name   όνομα
   the name   το όνομα
   a name   ένα όνομα

2. my name   το όνομά μου
   your name   το όνομά σου
   his name   το όνομά του
   her name   το όνομά της

3. our name   το όνομά μας
   your name   το όνομά σας
   their name   το όνομά τους

4. what is?   Ποιο είναι;

   [handwritten: Which / Which / Who]

   What is your name?   Ποιο είναι το όνομά σου;
       Ποιο είναι το όνομά σας;
   (polite form, formal)

5. My name is George.   Το όνομά μου είναι Γιώργος.
   My name is John.   Το όνομά μου είναι Γιάννης.
   My name is Andrew.   Το όνομα μου είναι Ανδρέας.

6. Your name is Nick.   Το όνομά σου είναι Νίκος.
   Your name is Dimitri.   Το όνομά σου είναι Δημήτρης.
   His name is Costas.   Το όνομά του είναι Κώστας.

7. Her name is Maria.   Το όνομά της είναι Μαρία.
   Her name is Sophia.   Το όνομά της είναι Σοφία.
   Her name is Eva.   Το όνομά της είναι Εύα.
   Her name is Irene.   Το όνομά της είναι Ειρήνη.
   Her name is Helen.   Το όνομά της είναι Ελένη.

8. How do they call you?   Πώς σε λένε;-
       Πώς σας λένε; (polite form)

   They call me Michael.   Με λένε Μιχάλη.
   They call me George.   Με λένε Γιώργο.
   They call him John.   Τον λένε Γιάννη.
   They call her Maria.   Τη λένε Μαρία.
   They call her Helen.   Τη λένε Ελένη.
   They call her Irene.   Τη λένε Ειρήνη.
   They call him Nick.   Τον λένε Νίκο.
   They call him James.   Τον λένε Δημήτρη.

Lesson 4
The auxiliary verb εἶμαι

1.

I am	εἶμαι	we are	εἴμαστε
you are	εἶσαι	you are	εἶστε
he is, she is, it is	εἶναι	they are	εἶναι

2.

the child	το παιδί	the man	ο άντρας
the boy	το αγόρι	the woman	η γυναίκα
the man	ο άνθρωπος	the girl	το κορίτσι
teacher (man)	δάσκαλος		
teacher (woman)	δασκάλα		

3.

I am a man.	Είμαι ένας άνθρωπος. Είμαι ένας άντρας.
I am a woman.	Είμαι μια γυναίκα.
I am a boy.	Είμαι ένα αγόρι.
I am a girl.	Είμαι ένα κορίτσι.
I am a teacher.	Είμαι ένας δάσκαλος.
I am a teacher.	Είμαι μια δασκάλα.

4.

who? which? (masculine)	ποιος;
who? which? (feminine)	ποια;
who? which (neuter)	ποιο;
what?	τι;

5.

Who are you?	Ποιος είσαι;
I am John.	Είμαι ο Γιάννης.*
Nick	ο Νίκος
George	ο Γιώργος
John	ο Γιάννης
Mr. Papaioannou	κύριος Παπαϊωάννου
Mr. Anastasiou	κύριος Αναστασίου
Mr. Ioannides	κύριος Ιωαννίδης

6.

Who are you?	Ποια είσαι;
I am Maria.	Είμαι η Μαρία
Irene	είμαι η Ειρήνη
Helen	είμαι η Ελένη
Kalliopi	είμαι η Καλλιόπη
Mrs. Papaioannou	είμαι η κυρία Παπαϊωάννου
Mrs. Anastasiou	είμαι η κυρία Αναστασίου

---

* Proper names may be preceded by the article. Thus we say: ο Νίκος, η Μαρία, ο κύριος Αδαμίδης, η κυρία Παπαδημητρίου

Quiz No. 1

1.	Good morning	**A.**	Είμαι η Μαρία.
2.	Who are you?	**B.**	Η Ειρήνη είναι ένα κορίτσι.
3.	My name is John.	**C.**	Το όνομά τους
4.	I am a boy.	**D.**	Καλημέρα, κυρίες και κύριοι.
5.	Good night.	**E.**	Ο κύριος Παπαιωάννου
6.	I am Maria.	**F.**	Είμαι ένας δάσκαλος.
7.	I am a teacher.	**G.**	Καλημέρα
8.	I am a woman.	**H.**	Καλησπέρα, κύριε Μάνο.
9.	Irene is a girl.	**I.**	Το όνομά της είναι Σοφία.
10.	Her name is Sophia.	**J.**	Είμαι ένα αγόρι.
11.	Their name	**K.**	Ο Νίκος είναι ένας άνδρας.
12.	Good bye	**V.**	Καληνύχτα.
13.	Good morning, ladies and gentlemen.	**L.**	Είμαι μια γυναίκα.
14.	Good evening, Mr. Manos.	**M.**	Αντίο, χαίρετε
15.	Hello!	**N.**	Ποιος είσαι;
16.	Good morning, Mr. Anastasiou.	**O.**	Είναι.
17.	Mr. Papaioannou	**P.**	Ο Δημήτρης είναι ένα παιδί.
18.	Dimitri is a child.	**Q.**	Γειά σου.
19.	Nick is a man.	**R.**	Το όνομά μου είναι Γιάννης.
20.	We are	**S.**	Καλημέρα, κύριε Αναστασίου.
21.	He is	**T.**	Είμαστε.

Answers: 1-G, 2- N, 3 - R, 4 - J, 5 - V, 6 - A, 7 - F, 8 - L, 9 - B, 10 - I, 11 - C, 12 - M, 13 - D, 14 - H, 15 - Q, 16 - S, 17 - E, 18 - P, 19 - U, 20 - K, 21 - T, 22- O

Lesson 5
The personal pronoun εγώ - I - How are you?

1. The personal pronoun:

I	εγώ	we	εμείς
you	εσύ	you	εσείς
he	αυτός	they	αυτοί (masculine)
she	αυτή	they	αυτές (feminine)
it	αυτό	they	αυτά (neuter)

2.

How ?	Πώς;
How are you?	Πώς είσαι; Πώς είστε;
Well	καλά
Thank you	Ευχαριστώ.
I am well, thank you.	Είμαι καλά, ευχαριστώ.

How are you?	Πώς είστε;
We are well.	Είμαστε καλά.
How are they?	Πώς είναι;
They are well.	Είναι καλά.

I am well, how are you?	Εγώ είμαι καλά, εσύ πώς είσαι;
Oh, I am well too.	Και εγώ είμαι καλά.

Father	Ο πατέρας
My father is not well.	Ο πατέρας μου δεν είναι καλά.

Mother	Η μητέρα
My mother is well.	Η μητέρα μου είναι καλά.

Brother	Ο αδελφός
How is your brother?	Πώς είναι ο αδελφός σου;
My brother is fine.	Ο αδελφός μου είναι καλά.

Sister.	Η αδελφή
And your sister?	Και η αδελφή σου;
She is fine also.	Και αυτή είναι καλά.
What about your children?	Και τα παιδιά σου;
Oh, they are fine.	Ω, είναι καλά.

Note: The word καλά is an adverb and it means *well.* It is also the plural neuter of the adjective καλό meaning *good.*
Ex.: I am well. Είμαι καλά. The children are good. Τα παιδιά είναι καλά.

Lesson 6
The auxiliary verb ἔχω

1. **The auxiliary verb I have - ἔχω**

I have	(ἐγώ)	ἔχω*	we have (ἐμείς)	ἔχομε
you have	(ἐσύ)	ἔχεις	you have (ἐσείς)	ἔχετε
he has	(αὐτός)	ἔχει	they have (αὐτοί)	ἔχουν
she has	(αὐτή)	ἔχει		
it has	(αὐτό)	ἔχει		

2.

The money	Τα λεφτά
I have money.	Ἔχω λεφτά.
House	Το σπίτι
I have a house.	Ἔχω ἕνα σπίτι.
The child	Το παιδί
I have a child.	Ἔχω ἕνα παιδί.
Children	Παιδιά
I have two children.	Ἔχω δυο παιδιά.
The car	Το αὐτοκίνητο.
He has a car.	Ἔχει ἕνα αὐτοκίνητο.
Two	Δυο
You have two cars.	Ἔχεις δυο αὐτοκίνητα
We have a boy.	Ἔχουμε ἕνα αγόρι.
They have a girl.	Ἔχουν ἕνα κορίτσι.
You have a child.	Ἔχετε ἕνα παιδί.

3.

Do you have any money?	Ἔχετε λεφτά;
No, I do not have any money.	Ὄχι, δεν ἔχω λεφτά.
Some, few	Λίγα, μερικά.
I have some money.	Ἔχω λίγα λεφτά.
Much	Πολλά.
He has much money.	Αὐτός ἔχει πολλά λεφτά.
How much?	Πόσα;
How much money has he?	Πόσα λεφτά ἔχει;
Much money.	Πολλά λεφτά.

---

* The personal pronoun I - ἐγώ is used only to stress emphasis or contrast. The ending of the verb gives the person. Ἔχω - I have -Ἔχετε - You have Ἐγώ ἔχω λεφτά, ἐσύ δεν ἔχεις - I have money, you do not have.

- 8 -

Lesson 7
The verb θέλω - I want

1.

I want	θέλω
you want	θέλεις
he, she, it wants	θέλει
we want	θέλουμε
you want	θέλετε
they want	θέλουν

2.

What do you want?	Τι θέλεις; *or* τι θέλετε;
what?	τι
glass	το ποτήρι
a, an, one	ένα
water	το νερό
please	παρακαλώ
I want a glass of water, please.	Θέλω ένα ποτήρι νερό, παρακαλώ.
milk	το γάλα
I want a glass of milk.	Θέλω ένα ποτήρι γάλα.
cold	κρύο
I want a glass of cold milk, please.	Θέλω ένα ποτήρι κρύο γάλα, παρακαλώ.
soft drink	το αναψυκτικό
He wants a soft drink.	Θέλει ένα αναψυκτικό.
What kind of soft drink?	Τι αναψυκτικό;
lemonade	η λεμονάδα
orange juice	η πορτοκαλάδα
He wants a lemonade.	Θέλει μια λεμονάδα.
What do you want?	Εσείς, τι θέλετε;
I want an orange juice.	Εγώ θέλω μια πορτοκαλάδα.

3.

beer	η μπύρα
Do you want a beer?	Θέλετε μια μπύρα;
No, thank you.	'Οχι, ευχαριστώ.
Do you want something else?	Θέλετε τίποτε άλλο;
No, thank you, I do not want anything.	'Οχι, ευχαριστώ, δε θέλω τίποτα άλλο.

Lesson 8
The numbers 1-10 - Οι αριθμοί

1.
one	ένα	six	έξι
two	δύο, δυο	seven	εφτά
three	τρία	eight	οχτώ
four	τέσσερα	nine	εννιά
five	πέντε	ten	δέκα

2.
one glass	ένα ποτήρι
two glasses	δυο ποτήρια
three glasses	τρία ποτήρια
four glasses	τέσσερα ποτήρια
five glasses	πέντε ποτήρια
six glasses	έξι ποτήρια
seven glasses	εφτά ποτήρια
eight glasses	οχτώ ποτήρια
nine glasses	εννιά ποτήρια
ten glasses	δέκα ποτήρια

3.
eye - eyes	το μάτι - τα μάτια
how many?	πόσα;
How many eyes do you have?	Πόσα μάτια έχεις;
I have two eyes.	Έχω δυο μάτια.
the foot - the feet	το πόδι - τα πόδια
How many feet do you have?	Πόσα πόδια έχεις;
I have two feet.	Έχω δυο πόδια.
the head	το κεφάλι
How many heads has the boy?	Πόσα κεφάλια έχει το παιδί;
The child has one head.	Το παιδί έχει ένα κεφάλι.
the hand - the hands	το χέρι - τα χέρια
How many hands do we have?	Πόσα χέρια έχουμε;
We have two hands.	Έχουμε δυο χέρια.

4.
the ear - the ears	Το αυτί - τα αυτιά
How many ears do we have?	Πόσα αυτιά έχουμε;
We have two ears.	Έχουμε δυο αυτιά.

Quiz No. 2

Can you say the following in Greek? You will hear the correct answer on the tape:

1.   Name *ΟΝΟΜΑ*

2.   My name *ΤΟ ΟΝΟΜΑ ΜΟΥ*

3.   What is your name?
ΤΙ ΕΙΝΑΙ ΤΟΟΝΟΜΑ ΣΟΥ;

4.   My name is ...
ΤΟ ΟΝΟΜΑ ΜΟΥ

5.   Good morning.
ΚΑΛΙΜΕΡΑ

6.   Good evening.
ΚΑΛΙΣΠΕΡΑ

7.   Good night.

8.   Good bye.

9.   Hello.

10.   I am John.

11.   I am Mr. Anastasiou.

12.   I am a man.

13.   Maria is a woman.

14.   Helen is a girl.

15.   Nick is a boy.

16.   Sophia is a girl.
ΣΟΦΙΑ ΕΙΝΕΙ ΚΟΡΙΤΣΙ

17.   I am a teacher.

18.   I have money.
ΕΧΩ ΛΕΦΤΑ

19.   I have much money.
ΕΧΩ ΠΟΛΑ ΛΕΦΤΑ

20.   I do not have money.
ΔΕΝ ΕΧΩ ΛΕΦΤΑ

21.   One glass.
ΕΝΑ ΠΟΤΙΡΥ

22.   Two glasses
ΔΥΟ ΠΟΤΙΡΥ

23.   Five children.

24.   Ten boys.
ΔΕΚΑ ΑΧΟΡΥ

25.   I want a lemonade, please.

26.   I want a glass of cold milk.

27.   I have a soft drink.

28.   What do you want?
ΤΙ ΘΕΛΕΙΣ

29.   Do you want water?
ΤΙ ΘΕΛΕΙΣ ΝΕΡΟ

30.   No, thank you, I do not want anything.

(See translation, page 97)

Lesson 9
What is this? Τι είναι αυτό;

1.   the book   Το βιβλίο

      What is this?   Τι είναι αυτό;

      This is a book.   Αυτό είναι ένα βιβλίο.

2.   The books   Τα βιβλία.

      these   αυτά

      What are these?   Τι είναι αυτά;

      These are books.   Αυτά είναι βιβλία.

3.   the pencil   το μολύβι

      This is a pencil.   Αυτό είναι ένα μολύβι.

      the pencils   Τα μολύβια

      These are pencils.   Αυτά είναι μολύβια.

4.   The tablet [NOTEBOOK]   Το τετράδιο

      What is this?   Τι είναι αυτό;

      This is a tablet.   Αυτό είναι ένα τετράδιο.

      These are tablets.   Αυτά είναι τετράδια.

5.   The pen. [INK]   Η πένα   [INK PEN PEN ο στυλό]

      This is a pen.   Αυτή είναι μια πένα.

      Here is a pen.   Να μια πένα.

6.   The school   Το σχολείο

      This is a school   Αυτό είναι ένα σχολείο.

	Big	μεγάλο.
	How is the school?	Πώς είναι το σχολείο;
	The school is big.	Το σχολείο είναι μεγάλο.
7.	Small	μικρό
	How is the school?	Πώς είναι το σχολείο;
	The school is small.	Το σχολείο είναι μικρό.
	small, large (big)	μικρό, μεγάλο
8.	the house	το σπίτι
	the small house	το μικρό σπίτι
	the large house	το μεγάλο σπίτι
9.	the room	το δωμάτιο
	my room	το δωμάτιό μου
	your room	το δωμάτιό σου
	our house	το σπίτι μας
10.	beautiful	ωραίο
	The house is beautiful.	Το σπίτι είναι ωραίο.
	Our house is large and beautiful.	Το σπίτι μας είναι μεγάλο και ωραίο.
	The room is big.	Το δωμάτιο είναι μεγάλο.
	The small room	Το μικρό δωμάτιο.

Lesson 10

The colors - Τα χρώματα

1. red   κόκκινο

    The pencil is red.   Το μολύβι είναι κόκκινο.

    color - colors   το χρώμα - τα χρώματα

    How is the pencil?   Πώς είναι το μολύβι;

    The pencil is red.   Το μολύβι είναι κόκκινο.

    The red pencil.   Το κόκκινο μολύβι.

2. Blue   μπλε - γαλανό - γαλάζιο

    the sea   η θάλασσα

    the blue sea   η γαλανή θάλασσα

    The sea is blue.   Η θάλασσα είναι γαλανή.

3. the sky   ο ουρανός

    The blue sky   Ο γαλανός ουρανός

    The sky is blue   Ο ουρανός είναι γαλανός.

4. green   πράσινο

    the leaf   το φύλλο

    The leaf is green.   Το φύλλο είναι πράσινο.

    The green leaf.   Το πράσινο φύλλο.

5. I see   Βλέπω.

    I see the green leaf.   Βλέπω το πράσινο φύλλο.

    I see the blue sea.   Βλέπω τη γαλανή θάλασσα.

6. yellow   κίτρινο

    the lemon   το λεμόνι

the yellow lemon	το κίτρινο λεμόνι
The lemon is yellow.	Το λεμόνι είναι κίτρινο.
I see the yellow lemon.	Βλέπω το κίτρινο λεμόνι.

7.

black	μαύρο
the shoe	το παπούτσι
the shoes	τα παπούτσια
The shoes are black.	Τα παπούτσια είναι μαύρα.
The black shoes	Τα μαύρα παπούτσια.
the coffee	ο καφές
the black coffee	Ο μαύρος καφές.

Ο ΣΚΕΤΟΣ ΚΑΦΕΣ
PLAIN COFFE

8.

white	άσπρο
The milk is white.	Το γάλα είναι άσπρο.
the water	το νερό
The water does not have color.	Το νερό δεν έχει χρώμα.

9.

| brown | καστανό |
| the hair | τα μαλλιά |

Καστανό μαυρα- DARK BROWN
Τα ξανθα — BLONDE

| My hair is brown | Τα μαλλιά μου είναι καστανά. |
| I have brown hair. | Έχω καστανά μαλλιά. |

10.

The colors	Τα χρώματα
red	κόκκινο
green	πράσινο
yellow	κίτρινο
blue	γαλάζιο, γαλανό, μπλε
black	μαύρο
white	άσπρο

Quiz No 3

1.	white	9	**A.**	κόκκινα παπούτσια
2.	black	10	**B.**	καστανά μάτια
3.	blue	12	**C.**	άσπρα μαλλιά
4.	red	15	**D.**	κίτρινο λεμόνι
5.	brown	19	**E.**	κόκκινο βιβλίο
6.	green	22	**F.**	μεγάλο σπίτι
7.	yellow	16	**G.**	πράσινο φύλλο
8.	black coffee	5	**H.**	καστανό
9.	red shoes	13	**I.**	μεγάλα παπούτσια
10.	brown eyes	17	**J.**	γαλανός ουρανός
11.	red hair	6	**K.**	πράσινο
12.	white hair	18	**L.**	γαλανή θάλασσα
13.	big shoes	11	**M.**	κόκκινα μαλλιά
14.	small shoes	8	**N.**	μαύρος καφές
15.	yellow lemon	14	**O.**	μικρά παπούτσια
16.	green leaf	1	**P.**	άσπρο
17.	blue sky	4	**Q.**	κόκκινο
18.	blue sea	20	**R.**	πράσινο μολύβι
19.	red book	2	**S.**	μαύρο
20	green pencil	3	**T.**	γαλανό, μπλε
21.	white tablet	7	**U.**	κίτρινο
22.	big house	21	**V.**	άσπρο τετράδιο

Answers: 1-P, 2-S, 3-T, 4-Q, 5-H, 6-K, 7-U, 8-N, 9-A, 10-B, 11-M, 12-C
13-I,14-O, 15-D, 16-G, 17-J, 18-L, 19-E, 20-R, 21-V, 22-F

Lesson 11
Do you speak Greek?- Μιλάτε ελληνικά;

1.   The verb: **I speak** - μιλώ

I speak	μιλώ
you speak	μιλάς
he, she, it speaks	μιλά
we speak	μιλούμε *or* μιλάμε
you speak	μιλάτε
they speak	μιλούν *or* μιλάνε

The <u>interrogative form</u> of the verb is formed by placing the interrogation mark at the end of each form.

do I speak?	μιλώ;
do you speak?	μιλάς;
does he speak?	μιλά;
do we speak?	μιλούμε; *or* μιλάμε;
do you speak;	μιλάτε;
do they speak?	μιλούν; *or* μιλάνε;

<u>The negative form:</u>

I do not speak	δεν μιλώ
you do not speak	δεν μιλάς
he, she, it does not speak	δεν μιλά
we do not speak	δεν μιλούμε *or* δε μιλάμε
you do not speak	δεν μιλάτε
they do not speak	δεν μιλούν *or* δε μιλάνε

Greek	ελληνικά
Do you speak Greek?	Μιλάτε ελληνικά;
No, I do not speak Greek	Όχι, δε μιλώ ελληνικά.
I do not speak Greek very well.	Δε μιλώ ελληνικά πολύ καλά.
I speak a little.	Μιλώ λίγο.
Yes, I speak a little	Μάλιστα, μιλώ λίγο.
I speak very little	Μιλώ πολύ λίγο.
Not much.	Όχι πολύ.
A few words.	Λίγες λέξεις.
Only a few words.	Μόνο λίγες λέξεις.
Enough	Αρκετά.
Much	Πολύ
Very much.	Πάρα πολύ.

Lesson 12
Do you understand Greek? Καταλαβαίνετε ελληνικά;

1.   The verb <u>I understand</u> - καταλαβαίνω

      I understand   καταλαβαίνω
      you understand   καταλαβαίνεις
      he understands   καταλαβαίνει
      we understand   καταλαβαίνουμε
      you understand   καταλαβαίνετε
      they understand   καταλαβαίνουν

      Do I understand?   καταλαβαίνω;
      I do not understand   Δεν καταλαβαίνω. (DON'T TALK FAST)
                                            Μην Μιλάς γρήγορα

2.   **Vocabulary:**

well	καλά	always	πάντοτε
a little	λίγο	sometimes	κάποτε
very little	πολύ λίγο	many times	πολλές φορές
yes	μάλιστα	never	ποτέ
no	όχι	why?	γιατί;
when	όταν	why	~~διότι~~
slowly	σιγά	quickly, fast	γρήγορα

Do you understand Greek?   Καταλαβαίνετε ελληνικά;
No, I do not understand Greek.   Όχι, δεν καταλαβαίνω
                                        ελληνικά.

I do not understand well.   Δεν καταλαβαίνω καλά.
I understand very little.   Καταλαβαίνω πολύ λίγο.
I understand little.   Καταλαβαίνω λίγο.
Yes, I understand Greek.   Μάλιστα, καταλαβαίνω
                                        ελληνικά.

I understand when you speak   Καταλαβαίνω, όταν μιλάτε
slowly.   σιγά.
Please speak slowly.   Παρακαλώ, μιλάτε σιγά.
I understand very well.   Καταλαβαίνω πολύ καλά.
I always understand.   Πάντοτε καταλαβαίνω.
Sometimes I understand.   Κάποτε καταλαβαίνω.
Many times I do not understand.   Πολλές φορές δεν
                                        καταλαβαίνω.

I never understand when   Ποτέ δεν καταλαβαίνω, όταν
you speak.   μιλάς.
Why you do not understand?   Γιατί δεν καταλαβαίνεις;
I do not understand because   Δεν καταλαβαίνω, γιατί
you speak fast.   μιλάς γρήγορα.

Lesson 13
Where do you come from - Από πού είσαι (είστε);

1. **Vocabulary:**

Greece	η Ελλάδα
America	η Αμερική
England	η Αγγλία
France	η Γαλλία
Germany	η Γερμανία
Canada	ο Καναδάς

When someone asks us "*Where do you come from?*" the answer is "*I am from*" followed by the article and **the** accusative case of the word: "Είμαι από ....."

2.

Where do you come from?	Από πού είσαι;
	Από πού είστε;
I am from America.	Είμαι από την Αμερική.
I am from England.	Είμαι από την Αγγλία.
I am from France.	Είμαι από τη Γαλλία.
I am from Greece.	Είμαι από την Ελλάδα.
I am from Athens.	Είμαι από την Αθήνα.
I am from Germany.	Είμαι από τη Γερμανία.
I am from Canada.	Είμαι από τον Καναδά.

3. **Names of cities:**

New York	η Νέα Υόρκη
Washington	η Ουάσιγκτων
Chicago	το Σικάγο
Los Angeles	το Λος 'Αντζελες
London	το Λονδίνο
Paris	το Παρίσι
Rome	η Ρώμη
Athens	η Αθήνα
Berlin	το Βερολίνο
Cairo	το Κάιρο
Moscow	η Μόσχα
Tokyo	το Τόκιο

Lesson 14
The verb I go - πηγαίνω

1. **The verb I go** - πηγαίνω: Always followed by the preposition στον (with masculine words), στη(ν) (with feminines) and στο (with neuters).

I go	πηγαίνω	we go πηγαίνουμε
you go	πηγαίνεις	you go πηγαίνετε
he, she goes	πηγαίνει	they go πηγαίνουν

2.
I go to New York.	Πηγαίνω στη Νέα Υόρκη.
I go to Athens.	Πηγαίνω στην Αθήνα.
He goes to Washington	Πηγαίνει στην Ουάσιγκτων.
They go to Paris.	Πηγαίνουν στο Παρίσι.
You go to London.	Εσείς πηγαίνετε στο Λονδίνο.
He goes to Cairo.	Πηγαίνει στο Κάϊρο.
We go to Rome.	Πηγαίνουμε στη Ρώμη.

3.
Where do you go?	Πού πηγαίνεις;
I go to the market	Πηγαίνω στην αγορά.
to school	στο σχολείο
to the airport	στο αεροδρόμιο
to the shops	στα μαγαζιά
to the theater	στο θέατρο
to the museum	στο μουσείο
to the zoo	στον ζωολογικό κήπο *PARK*
to the opera	στην όπερα
to the movies	στον κινηματογράφο
to the cinema	στο σινεμά
to the hospital	στο νοσοκομείο
to the police station	στον αστυνομικό σταθμό
to the hotel	στο ξενοδοχείο
to the library	στη βιβλιοθήκη
to the university	στο πανεπιστήμιο
to the church	στην εκκλησία
home	στο σπίτι
to the room	στο δωμάτιο
to the sea	στη θάλασσα
to the mountains	στα βουνά
to the countryside	στην εξοχή
nowhere	πουθενά
somewhere	κάπου
everywhere	παντού

QUIZ NO 4

A.   Translate: (Answers on the tape)

1. I do not speak Greek.
2. I speak very little Greek.
3. I speak a few words.
4. I speak Greek.
5. Do you speak Greek?

6. I do not understand Greek.
7. I understand Greek.
8. Do you understand Greek?
9. I always understand Greek.
10. Sometimes I do not understand Greek.

11. Many times
12. All the times
13. Some times
14. Always
15. Never

16. You speak.
17. He understands.
18. They speak.
19. We understand
20. You understand.

21. Do you understand?
22. Does he understand?
23. Do you speak?
24. Does he speak?
25. We do not speak.

26. I come from Greece.
27. I come from England.
28. He comes from France.
29. He is from America.
30. We are from Canada.

31. We go to school.
32. They go to the museum.
33. You go to the shops.
34. He goes to the theater.
35. She goes home.

36. Where do you go?
37. Where are they going?
38. Do you go to the university?
39. Do they go to the market?
40. They do not go to the sea.

B.
1. I understand.
2. You understand
3. He understands
4. We understand
5. You understand
6. They understand

7. Do you understand?
8. Does he understand?
9. Do we understand?
10. They do not understand.
11. You do not understand.
12. He does not understand.

C.
1. I go
2. You go
3. He goes
4. She goes
5. We go
6. You go
7. They go

(See translation on page 98)

Lesson 15
Where do you live? - Πού ζείτε;

1. **Where do you live?** - Πού μένετε; Πού ζείτε;
   (We use two words ζω and μένω to show where we live.)

   Conjugation of ζω

I live	ζω	we live	ζούμε
you live	ζεις	you live	ζείτε
he, she lives	ζει	they live	ζουν

I stay	μένω	we stay	μένουμε
you stay	μένεις	you stay	μένετε
he, she, it stays	μένει	they stay	μένουν

I live (I stay) in Athens.	Ζω στην Αθήνα. Μένω στην Αθήνα
I live in America.	Ζω στην Αμερική.
She lives in New York.	Ζει στη Νέα Υόρκη.
We live in Chicago.	Ζούμε στο Σικάγο.
They stay in Canada.	Μένουν στον Καναδά.
I live in Australia.	Ζω στην Αυστραλία.
I live in Paris.	Ζω στο Παρίσι.
She lives in London.	Ζει στο Λονδίνο.
I live in Germany.	Ζω στη Γερμανία.
They live in Rome.	Μένουν στη Ρώμη.
I live in Cairo.	Ζω στο Κάιρο.

2. **Conversation:**

- Good morning.	Καλημέρα.
- Good morning to you.	Καλημέρα σας.
- How are you?	Πώς είστε;
- I am well, thank you.	Είμαι καλά, ευχαριστώ.
- Where are you from?	Από πού είστε;
- I am from Greece.	Είμαι από την Ελλάδα.
- Where do you live?	Πού ζείτε; Πού μένετε;
- I live in New York.	Ζω στη Νέα Υόρκη.
- Do you live in a house?	Μένετε σε ένα σπίτι;
- Yes, I live in a house.	Μάλιστα, μένω σε ένα σπίτι.
- Where is the house?	Πού είναι το σπίτι;
- The house is outside of New York.	Το σπίτι είναι έξω από τη Νέα Υόρκη.
- I am glad I have met you.	Χαίρομαι για τη γνωριμία.
- Same here.	Το ίδιο και εγώ.
- Good bye.	Αντίο.

Lesson 16
The days - Οι μέρες

1.
The days	οι μέρες	the day	η μέρα
Sunday	η Κυριακή	the days	οι μέρες
Monday	η Δευτέρα	the week	η εβδομάδα
Tuesday	η Τρίτη	it will be	θα είναι
Wednesday	η Τετάρτη		
Thursday	η Πέμπτη		
Friday	η Παρασκευή		
Saturday	το Σάββατο		

Today	Σήμερα
Today is Sunday.	Σήμερα είναι Κυριακή.
Tomorrow	Αύριο.
It will be	Θα είναι
Tomorrow will be Monday.	Αύριο θα είναι Δευτέρα.
The day after tomorrow.	Μεθαύριο
The day after tomorrow will be Tuesday.	Μεθαύριο θα είναι Τρίτη.
Next day	Η άλλη μέρα
Next day is Thursday.	Η άλλη μέρα είναι Πέμπτη.
Next day is Friday.	Η άλλη μέρα είναι Παρασκευή.
Next day is Saturday.	Η άλλη μέρα είναι Σάββατο.

2.
What day is today?	Τι μέρα είναι σήμερα;
Today is Monday.	Σήμερα είναι Δευτέρα.
What day will be tomorrow?	Τι μέρα θα είναι αύριο;
Tomorrow will be Tuesday.	Αύριο θα είναι Τρίτη.
What day will be after Tuesday?	Τι μέρα θα είναι μετά την Τρίτη;
It will be Wednesday.	Θα είναι Τετάρτη.
How many days?	Πόσες μέρες;
week	η εβδομάδα
How many days has a week?	Πόσες μέρες έχει μια εβδομάδα;
A week has seven days.	Μια εβδομάδα έχει εφτά μέρες.

Lesson 17
I come - ἔρχομαι, I came - ἦρθα

A. **I come - ἔρχομαι** past tense **I came - ἦρθα**

I come	ἔρχομαι	I came	ἦρθα
you come	ἔρχεσαι	you came	ἦρθες
he, she comes	ἔρχεται	he, she came	ἦρθε
we come	ερχόμαστε	we came	ἦρθαμε
you come	ἔρχεστε	you came	ἦρθατε
they come	ἔρχονται	they came	ἦρθαν

1. yesterday — χτες
   I came yesterday. — Ἦρθα χτες.
2. The day before yesterday — Προχτές
   I came the day before yesterday. — Ἦρθα προχτές
3. Today. — Σήμερα
   I came today. — Ἦρθα σήμερα.
4. month — Μήνας
   I came one month ago. — Ἦρθα πριν ἔνα μήνα.
5. Year — Χρόνος
   I came one year ago. — Ἦρθα πριν ἔνα χρόνο.
6. I came ten days ago. — Ἦρθα πριν δέκα μέρες.
7. I came a week ago. — Ἦρθα πριν μια εβδομάδα.
8. Last year — Πέρσι
   I came last year. — Ἦρθα πέρσι.
9. This year — Φέτος

B.

πηγαίνω – I go	πήγα
πηγαίνεις	πήγες
πηγαίνει	πήγε
πηγαίνουμε	πήγαμε
πηγαίνετε	πήγατε
πηγαίνουν	πήγαν

I come	Ἔρχομαι.
I go.	Πηγαίνω.
I came.	Ἦρθα
I went.	Πήγα.
You came.	Ἦρθες.
You went.	Πήγες.
We did not come.	Δεν ἦρθαμε.
We did not go.	Δεν πήγαμε.
They went.	Πήγαν.
They did not go.	Δεν πήγαν.
They came.	Ἦρθαν.

Lesson 18

The Numbers from 11 - 100

ο αριθμός - **number** - οι αριθμοί - **numbers**

eleven	έντεκα
twelve	δώδεκα
thirteen	δεκατρία
fourteen	δεκατέσσερα
fifteen	δεκαπέντε
sixteen	δεκαέξι
seventeen	δεκαεφτά
eighteen	δεκαοχτώ
nineteen	δεκαεννέα
twenty	είκοσι
twenty -one	είκοσι ένα
twenty-two	είκοσι δύο
thirty	τριάντα
thirty -one	τριάντα ένα
etc.	
forty	σαράντα
forty-one	σαράντα ένα
etc.	
fifty	πενήντα
fifty-one	πενήντα ένα
etc.	
sixty	εξήντα
sixty-one	εξήντα ένα
etc.	
seventy	εβδομήντα
seventy-one	εβδομήντα ένα
etc.	
eighty	ογδόντα
eighty-one	ογδόντα ένα
etc.	
ninety	ενενήντα
ninety-one	ενενήντα ένα
etc.	
one hundred	εκατό(ν)
one hundred and one	εκατόν ένα
one hundred and two	εκατό δύο
etc.	

once	μια φορά
twice	δυο φορές
three times	τρεις φορές
four times	τέσσερις φορές
five times	πέντε φορές
six times	έξι φορές
seven times	εφτά φορές
eight times	οχτώ φορές
nine times	εννιά φορές
ten times	δέκα φορές

first	πρώτος - πρώτη - πρώτο
second	δεύτερος - δεύτερη - δεύτερο
third	τρίτος - τρίτη - τρίτο
fourth	τέταρτος - τέταρτη - τέταρτο
fifth	πέμπτος - πέμπτη - πέμπτο
sixth	έκτος - έκτη - έκτο
seventh	έβδομος - έβδομη - έβδομο
eighth	όγδοος - όγδοη - όγδοο
ninth	ένατος - ένατη - ένατο
tenth	δέκατος - δέκατη - δέκατο
eleventh	ενδέκατος - ενδέκατη - ενδέκατο
twelfth	δωδέκατος - δωδέκατη - δωδέκατο

twelve months	δώδεκα μήνες
twenty books	είκοσι βιβλία
one hundred dollars	εκατό δολλάρια
fifty pounds	πενήντα πάουντς
sixty-five kilos	εξήντα πέντε κιλά
thirty months	τριάντα μήνες
ninety days	ενενήντα μέρες
thirty-three years	τριάντα τρία χρόνια
forty-six days	σαράντα έξι μέρες
seventy-seven miles	εβδομήντα εφτά μίλια
sixty minutes	εξήντα λεπτά
twenty-four hours	είκοσι τέσσερις ώρες.

once	Μια φορά
I went there once.	Πήγα εκεί μια φορά.
I saw it twice.	Το είδα δυο φορές.

He is first.	Είναι πρώτος.
She is second.	Είναι δεύτερη.
December is the twelfth month.	Ο Δεκέμβριος είναι ο δωδέκατος μήνας.

He came fourth.	Ἦρθε τέταρτος.
She came fifth.	Ἦρθε πέμπτη.
the year	ο χρόνος
the month	ο μήνας
One year has twelve months.	Ἔνας χρόνος έχει δώδεκα μήνες.
the hour	η ώρα
One day has twenty-four hours.	Μια μέρα έχει είκοσι τέσσερις ώρες.
One week has seven days.	Μια εβδομάδα έχει εφτά μέρες.
the dollar	το δολλάριο
the nickel	η πεντάρα
One dollar has twenty nickels.	Ἔνα δολλάριο έχει είκοσι πεντάρες.
One dollar has one hundred pennies.	Ἔνα δολλάριο έχει εκατόν πέννες.
the years	τα χρόνια
Five years have sixty months.	Πέντε χρόνια έχουν εξήντα μήνες.
dozen	η δωδεκάδα
the egg	το αυγό
Two dozen eggs are twenty four eggs.	Δυο δωδεκάδες αυγά είναι είκοσι τέσσερα αυγά.

A dialogue - Διάλογος

In this dialogue you will find these words:

thank you - ευχαριστώ
years old - χρόνων
thirty - τριάντα
I go - πηγαίνω
alone - μόνος
family - η οικογένεια

1.	Hello!	Χαίρετε !
2.	How are you?	Πώς είσαι; -
3.	I am very well, thank you.	Είμαι πολύ καλά, ευχαριστώ.
4.	What is your name?	Πώς σε λένε; - Ποιο είναι το όνομά σου;
		Πώς σας λένε*; Ποιο είναι το όνομά σας;*
5.	My name is John.	Το όνομά μου είναι Γιάννης.
6.	Where do you come from?	Από που είσαι; -Από πού είστε;*
7.	I come from America.	Είμαι από την Αμερική.
8.	Where do you live?	Που ζείς; Πού ζείτε;*
9.	I live in America.	Ζω στην Αμερική.
10.	How old are you?	Πόσων χρόνων είσαι;
		Πόσων χρόνων είστε;
11.	I am thirty years old.	Είμαι τριάντα χρόνων.
12.	Where do you go?	Πού πηγαίνεις;
		Πού πηγαίνετε;
13.	I go to Greece.	Πηγαίνω στην Ελλάδα.
14.	Are you alone?	Είσαι μόνος; - Είστε μόνος;
15.	Yes, I am alone.	Μάλιστα είμαι μόνος.
16.	Do you have a family?	Έχεις (έχετε) οικογένεια;
17.	Yes, I do have a family.	Μάλιστα, έχω οικογένεια.
18.	Where is your family?	Πού είναι η οικογένειά σου (σας);
19.	My family is in America.	Η οικογένεια μου είναι στην Αμερική.
20.	How many children do you have?	Πόσα παιδιά έχεις (έχετε);
21.	I have two children.	Έχω δυο παιδιά.
22.	Nice to talk to you.	Χάρηκα.
23.	Same here.	Κι εγώ το ίδιο.

* The second form is the polite form.

Quiz No. 5

Can you say the following in Greek? You will hear the correct answer on the tape:

1. How are you?
2. Where do you live?
3. How old are you?
4. Do you have a family?
5. Where is your family?
6. What is your name?
7. Do you have any children?
8. How many children do you have?

9. Do you have ten dollars?
10. The first man
11. The first woman
12. Ten times
13. Three times
14. Many times.

15. I am first.
16. You are second.
17. He is third.
18. twelve months
19. seven days
20. One year

21. Ten.
22. Twenty
23. Thirty
24. Forty
25. Fifty
26. Sixty
27. Seventy
28. Eighty
29. Ninety
30. One hundred

31. I live in Athens.
32. I stay in New York.
33. I go to Greece.
34. I come from Greece.
35. I came yesterday.
36. I came one year ago.
37. He went last year.
38. He came last year.
39. They went.
40. They did not go.

(See translation page 99)

Lesson 19

here - εδώ   right - δεξιά
there - εκεί   left - αριστερά

up, upstairs - πάνω   in front - μπροστά
down, downstairs - κάτω   back - πίσω

in, inside - μέσα   near, close - κοντά
out, outside - έξω   far - μακριά

here - there   εδώ - εκεί
The book is here.   Το βιβλίο είναι εδώ.
The pencil is there.   Το μολύβι είναι εκεί.

I am here   Είμαι εδώ.
You are there.   Εσύ είσαι εκεί.

Come here.   Έλα εδώ.
Go there.   Πήγαινε εκεί.

Sit here.   Κάθισε εδώ.
Sit there.   Κάθισε εκεί.

right - left   δεξιά - αριστερά
The theater is to the right. Το θέατρο είναι δεξιά.
The movie house is to the left. Ο κινηματογράφος (το σινεμά)
είναι αριστερά.

The one car goes right   Το ένα αυτοκίνητο πηγαίνει
and the other goes left.   δεξιά και το άλλο αριστερά.

To the right of the house. Δεξιά από το σπίτι.
To the left of the school.   Αριστερά από το σχολείο.

To my right.   Στα δεξιά μου.
To my left.   Στα αριστερά μου.

up - down   πάνω - κάτω
Three rooms are upstairs   Τρία δωμάτια είναι πάνω
and four downstairs.   και τέσσερα κάτω.

The children are upstairs   Τα παιδιά είναι πάνω
and we are downstairs.   και εμείς είμαστε κάτω.

Come on up!	Έλα πάνω!
Come down.!	Έλα κάτω.!
I am upstairs.	Είμαι πάνω.
You are downstairs.	Είσαι κάτω.
From above	Από πάνω
From under	Από κάτω
The airplane flies above	Το αεροπλάνο πετά πάνω από
the clouds.	τα σύννεφα.

In front - in the back   Μπροστά - πίσω

The house has a yard in front.	Το σπίτι έχει μπροστά μια αυλή.
The house has a yard in the back.	Το σπίτι έχει μια αυλή πίσω.
Go in front.	Πήγαινε μπροστά.
Go to the back.	Πήγαινε πίσω.
Come back.	Έλα πίσω.
The airplane came back.	Το αεροπλάνο ήρθε πίσω.

In - inside   Μέσα
Out - outside   Έξω

I am inside.	Είμαι μέσα.
I am in the house.	Είμαι μέσα στο σπίτι.
I am out.	Είμαι έξω.
I am outside.	Είμαι έξω.
I am outside the house.	Είμαι έξω από το σπίτι.
He went out.	Πήγε έξω.
He came in.	Ήρθε μέσα.

Near- close   Κοντά
Far   Μακριά

The airport is far.	Το αεροδρόμιο είναι μακριά.
The city is close.	Η πόλη είναι κοντά.
He sits near me. (He lives near me).	Κάθεται κοντά μου.
He lives far from me.	Κάθεται μακριά μου.
Come near me.	Έλα κοντά μου.

Lesson 20

This, that, someone, no one, every one

this	αυτός
This man	Αυτός ο άνθρωπος
this	αυτή
This woman	Αυτή η γυναίκα
this	αυτό
This boy	Αυτό το αγόρι
These men.	Αυτοί οι άνθρωποι.
These women.	Αυτές οι γυναίκες.
These boys.	Αυτά τα παιδιά.
These books.	Αυτά τα βιβλία.
This day.	Αυτή η ημέρα
On this day.	Αυτή τη μέρα.
This year.	Αυτός ο χρόνος.
On this year.	Αυτόν τον χρόνο.
This hour.	Αυτή η ώρα.
On this hour.	Αυτή την ώρα.
The flights.	Οι πτήσεις.
These flights.	Αυτές οι πτήσεις.
These rooms.	Αυτά τα δωμάτια.
that	εκείνος
That gentleman.	Εκείνος ο κύριος
that	εκείνη
That lady.	Εκείνη η κυρία
that	εκείνο
That child.	Εκείνο το παιδί
That man.	Εκείνος ο άνθρωπος.
That woman.	Εκείνη η γυναίκα.
That boy.	Εκείνο το παιδί.
Those men.	Εκείνοι οι άνθρωποι.
Those women.	Εκείνες οι γυναίκες.
Those children.	Εκείνα τα παιδιά.
That day.	Εκείνη η μέρα.
On that day.	Εκείνη τη μέρα.
That year.	Εκείνος ο χρόνος.
On that year.	Εκείνο τον χρόνο.

That minute.	Εκείνο το λεπτό.
On that minute.	Εκείνο το λεπτό.
who?	ποιος;
Who is he?	Ποιος είναι; Ποιος είναι αυτός;
who?	ποια;
Who is she?	Ποια είναι; Ποια είναι αυτή;
who?	ποιο;
Who is he?	Ποιο είναι;
Which book?	Ποιο βιβλίο;
Which city?	Ποια πόλη;
Which school?	Ποιο σχολείο;
Who of the two?	Ποιος από τους δυο;
Which of you?	Ποιος από σας;
	Ποια από σας;
Which house?	Ποιο σπίτι;
Which man?	Ποιος άνθρωπος;
Which country?	Ποια χώρα;
Which library?	Ποια βιβλιοθήκη;
Which airline?	Ποια αεροπορική εταιρεία;
someone	κάποιος
some man	Κάποιος άνθρωπος
someone	κάποια
some woman	Κάποια γυναίκα
someone	κάποιο
some child	Κάποιο παιδί
Some one came.	Κάποιος ήρθε.
	Κάποια ήρθε.
Some boy came.	Κάποιο αγόρι ήρθε.
nobody	κανένας
Nobody is here.	Κανένας δεν είναι εδώ.
Nobody	καμιά
No one is here.	Καμιά δεν είναι εδώ.
Nobody	κανένα
No girl is here.	Κανένα κορίτσι δεν είναι εδώ.
Whoever	Όποιος
Whoever is here.	Όποιος είναι εδώ.
Whoever	Όποια

Whoever is here.	Ὅποια εἴναι εδώ.
Whichever boy is here.	Ὅποιο παιδί εἴναι εδώ
Whoever wants money.	Ὅποιος θέλει λεφτά.
	Ὅποια θέλει λεφτά.
	Ὅποιο θέλει λεφτά.
Whoever drinks beer.	Ὅποιος πίνει μπύρα.
	Ὅποια πίνει μπύρα.
	Ὅποιο πίνει.
Whoever does not drink.	Ὅποιος δεν πίνει.
	Ὅποια δεν πίνει.
	Ὅποιο δεν πίνει.
all	όλος
	όλη
	όλο
All the people	Ὅλος ο κόσμος
All the food	Ὅλο το φαγητό
All the water	Ὅλο το νερό
All came (men and women and children)	Ἦρθαν όλοι.
All came (women)	Ἦρθαν όλες.
All came (children)	Ἦρθαν όλα.
Many	Πολλοί
	Πολλές
	Πολλά
Many men came.	Ἦρθαν πολλοί άνθρωποι.
Many women came.	Ἦρθαν πολλές γυναίκες.
Many children came.	Ἦρθαν πολλά παιδιά.
Much	πολύ
He eats much.	Τρώγει πολύ.
He ate much	Ἔφαγε πολύ.
He talks much.	Μιλά πολύ.
Much water.	Πολύ νερό.
Much coffee.	Πολύς καφές.
Much rain.	Πολλή βροχή.
Many men.	Πολλοί άνθρωποι.
Many girls.	Πολλά κορίτσια.
Many women.	Πολλές γυναίκες.

Lesson 21

Plural number

the glass - the glasses	το ποτήρι - τα ποτήρια
the child - the children	το παιδί - τα παιδιά
the boy - the boys	το αγόρι - τα αγόρια
the girl - the girls	το κορίτσι - τα κορίτσια
the eye - the eyes	το μάτι - τα μάτια
the book - the books	το βιβλίο - τα βιβλία
the airplane - the airplanes	το αεροπλάνο - τα αεροπλάνα
the car - the cars	το αυτοκίνητο - τα αυτοκίνητα
the school - the schools	το σχολείο - τα σχολεία
the room - the rooms	το δωμάτιο - τα δωμάτια
the lesson - the lessons	το μάθημα - τα μαθήματα
the floor - the floors	το πάτωμα - τα πατώματα
the name - the names	το όνομα - τα ονόματα
the color - the colors	το χρώμα - τα χρώματα
the man - the men	ο άνθρωπος - οι άνθρωποι
the street - the streets	ο δρόμος - οι δρόμοι
the doctor - the doctors	ο γιατρός - οι γιατροί
the teacher - the teachers	ο δάσκαλος - οι δάσκαλοι
the police man - the police men	ο αστυνομικός - οι αστυνομικοί
the pupil - the pupils	ο μαθητής - οι μαθητές
the professor - the professors	ο καθηγητής - οι καθηγητές
the student - the students	ο φοιτητής - οι φοιτητές
the athlete - the athletes	ο αθλητής - οι αθλητές
the board - the boards	ο πίνακας - οι πίνακες
the winter - the winters	ο χειμώνας - οι χειμώνες
the husband - the husbands	ο άντρας - οι άντρες
the mother - the mothers	η μητέρα - οι μητέρες
the wife - the wives	η γυναίκα - οι γυναίκες
the chair - the chairs	η καρέκλα - οι καρέκλες
the dining room - the dining rooms	η τραπεζαρία - οι τραπεζαρίες
the rain - the rains	η βροχή - οι βροχές
the yard - the yards	η αυλή - οι αυλές
the sister - the sisters	η αδελφή - οι αδελφές
the moment - the moments	η στιγμή - οι στιγμές

Lesson 22

What is this? - Τι είναι αυτό;

Vocabulary:

glass	το ποτήρι
milk	το γάλα
beer	η μπύρα
soft drink	το αναψυκτικό
orangeade	η πορτοκαλάδα
orange juice	η πορτοκαλάδα
orange	το πορτοκάλι
lemonade	η λεμονάδα
wine	το κρασί
sugar	η ζάχαρη
sweet	γλυκός - γλυκιά - γλυκό
hot, warm	ζεστός - ζεστή - ζεστό

I like	μου αρέσει
you like	σου αρέσει
he likes	του αρέσει
she likes	της αρέσει
we like	μας αρέσει
you like	σας αρέσει
they like	τους αρέσει

[handwritten: θα ήθελα — I WOULD LIKE — θα θέλαμε]

a glass, one glass	ένα ποτήρι
What is this?	Τι είναι αυτό;
This is a glass.	Αυτό είναι ένα ποτήρι.
milk	το γάλα
This is a glass of milk.	Αυτό είναι ένα ποτήρι γάλα.
water	το νερό
cold	κρύο
This is a glass of cold water.	Αυτό είναι ένα ποτήρι κρύο νερό.

beer	η μπύρα
This is a beer.	Αυτή είναι μια μπύρα.
What is this?	Τι είναι αυτή;
This is a beer.	Αυτή είναι μια μπύρα.
This is a glass of beer.	Αυτό είναι ένα ποτήρι μπύρα.
Is the beer cold?	Είναι κρύα η μπύρα;
Yes, it is very cold.	Μάλιστα, είναι πολύ κρύα.
Do you like cold beer?	Σας αρέσει η μπύρα κρύα;
Yes, I like it very much.	Μάλιστα, μου αρέσει πολύ.

soft drink	το αναψυκτικό
This is a soft drink.	Αυτό είναι ένα αναψυκτικό.
What kind of soft drink?	Τι αναψυκτικό είναι;
It is an orangeade.	Είναι μια πορτοκαλάδα.
What about this?	Και αυτό τι είναι;
This is orange juice.	Και αυτή είναι πορτοκαλάδα.
Yes, orange juice from oranges.	Μάλιστα, πορτοκαλάδα από πορτοκάλια.
Is it cold?	Είναι κρύα;
Yes, it is cold.	Μάλιστα, είναι κρύα.
Very cold?	Πολύ κρύα;
Not very cold.	Όχι πολύ κρύα.
So and so.	Έτσι κι έτσι.
Is it warm?	Είναι ζεστή;
No, it is not warm,	Όχι, δεν είναι ζεστή,
but it is not very cold.	μα (αλλά) δεν είναι πολύ κρύα.
What is THIS?	Αυτό, τι είναι;
This is wine.	Αυτό είναι κρασί.
Is it red wine?	Είναι κόκκινο κρασί;
Yes, it is red wine.	Ναι, είναι κόκκινο κρασί.
Is it cold?	Είναι κρύο;
No, it is not cold.	Όχι, δεν είναι κρύο.
Is it warm?	Είναι ζεστό;
No, it is neither warm nor cold.	Όχι δεν είναι, ούτε ζεστό ούτε κρύο.
Do you have other wines?	Έχετε άλλα κρασιά;
Yes, we have.	Μάλιστα έχουμε.
What other wines?	Τι άλλα κρασιά;
We have white and rose.	Έχουμε άσπρα και ροζέ.
This, what is it?	Αυτό, τι είναι;
This is lemonade.	Αυτή είναι λεμονάδα.
Is it cold?	Είναι κρύα;
Yes, it is very cold.	Μάλιστα, είναι πολύ κρύα.
Is it sweet?	Είναι γλυκιά;
Yes, it is sweet because we put sugar in it.	Μάλιστα, είναι γλυκιά γιατί βάζουμε ζάχαρη.
May I have a glass?	Μπορώ να έχω ένα ποτήρι;
Of course.	Βέβαια.
Do you like a small or large glass?	Θέλετε μικρό ή μεγάλο ποτήρι;
A large glass, please.	Μεγάλο ποτήρι, παρακαλώ.

Lesson 23

Sentences using the verbs ἔχω, θέλω, βλέπω:

βλέπω - I see	ἔχω - I have	θέλω - I want
βλέπεις - you see	ἔχεις	θέλεις
βλέπει- he, she, it sees	ἔχει	θέλει
βλέπουμε - we see	ἔχουμε	θέλουμε
βλέπετε - you see	ἔχετε	θέλετε
βλέπουν - they see	ἔχουν	θέλουν

I see something	Βλέπω κάτι.
I want something.	Θέλω κάτι.
I have something.	Ἔχω κάτι.

What do you see?	Τι βλέπεις; Τι βλέπετε;
What do you have?	Τι ἔχεις; Τι ἔχετε;
What do you want?	Τι θέλεις; Τι θέλετε;

He does not see.	Δε βλέπει.
He does not want anything.	Δε θέλει τίποτα.
He does not have anything.	Δεν ἔχει τίποτα.

We have everything.	Τα ἔχουμε ὅλα.
We do not want anything else.	Δε θέλουμε τίποτα ἄλλο.
We see everything.	Τα βλέπουμε ὅλα.
We want everything.	Τα θέλουμε ὅλα.

What do they want?	Τι θέλουν;
What do they see?	Τι βλέπουν;
What do they have?	Τι ἔχουν;

I want to eat	Θέλω να φάω.
I want to see.	Θέλω να δω. Θέλω να σε δω. I WANT TO SEE YOU.
I want to have.	Θέλω να ἔχω.
I want to drink.	Θέλω να πιω.
I want to go.	Θέλω να πάω. στο τοκιο
I want to come.	Θέλω να ἔλθω.
I want to say.	Θέλω να πω.
I want to stay.	Θέλω να μείνω.
I want to live.	Θέλω να ζήσω.
I want to be.	Θέλω να εἶμαι.
I want to understand.	Θέλω να καταλάβω. τους ανθρωπς
I want to speak.	Θέλω να μιλήσω.

Lesson 24

The breakfast - το πρωινό - το πρόγευμα

breakfast	το πρόγευμα - το πρωινό
waiter	το γκαρσόνι
toast	η φρυγανιά
butter	το βούτυρο
marmalade	η μαρμελάδα
croissant	το κροασάντ
cake	το κέικ
coffee	ο καφές
tea	το τσάι
egg	το αυγό
fried eggs	τηγανιτά αυγά
soft boiled eggs	μελάτα (αυγά)
hard boiled eggs	σφιχτά αυγά
scrabbled eggs	χτυπητά αυγά
sunny-side-up	αυγά μάτια
white bread	άσπρο ψωμί
wheat bread	σιταρένιο ψωμί
I prefer	προτιμώ (2)

1. Garcon, what do you have for breakfast? — Γκαρσόν, τι έχετε για πρωινό;

2. We have toast, croissant, cake, butter, marmalade, coffee and tea. — Έχουμε φρυγανιές, κροασάντ, κέικ, βούτυρο, μαρμελάδα, καφέ και τσάι.

3. Do you have eggs? — Έχετε αυγά;

4. Yes, we have. Fried eggs, soft boiled, hard boiled, omelettes, etc. what would you like to have? — Μάλιστα, έχουμε. Τηγανιτά αυγά, μελάτα, σφιχτά, ομελέτα Τι θα θέλατε;

5. I would like to have two scrambled eggs and two pieces of toast. — Θα ήθελα δυο χτυπητά αυγά και δυο φρυγανιές.

6. Do you like white or wheat toast? — Θέλετε άσπρες ή σιταρένιες φρυγανιές;

7. I prefer wheat toast. — Προτιμώ σιταρένιες φρυγανιές.

8. Do you want butter on the toast? Please! — Θέλετε βούτυρο στις φρυγανιές; Παρακαλώ!

9. What about marmalade? Yes, marmalade too. — Και μαρμελάδα; Μάλιστα, και μαρμελάδα.

10. What kind of marmalade? We have — Τι είδος μαρμελάδα; Έχουμε

	orange, apricot and strawberry.	μαρμελάδα από πορτοκάλι, από βερύκοκο και από φράουλα.
11.	I prefer strawberry marmalade.	Προτιμώ μαρμελάδα από φράουλα.
12.	What kind of coffee do you want? We have Greek, American and French coffee.	Τι είδος καφέ θέλετε; Έχουμε ελληνικό, αμερικανικό και γαλλικό καφέ.
13.	I prefer French coffee.	Προτιμώ γαλλικό καφέ.
14.	Do you like creme and sugar in your coffee?	Θέλετε γάλα και ζάχαρη στον καφέ σας;
15.	I wish only sugar.	Θέλω μόνο ζάχαρη.
16.	Anything else?	Τίποτε άλλο;
17.	No, thank you, these are enough.	Όχι, ευχαριστώ. Αυτά είναι αρκετά.
18.	May I have a napkin, please?	Παρακαλώ, μπορώ να έχω μια πετσέτα;
19.	Of course.	Βεβαίως.
20.	And a fork and knife?	Και ένα πιρούνι και μαχαίρι;
21.	I think these are on the table.	Νομίζω αυτά είναι στο τραπέζι.
22.	You are right. I see them now. But there is no small spoon.	Έχετε δίκαιο. Τα βλέπω τώρα. Αλλά δεν υπάρχει κουταλάκι.
23.	I will bring you one.	Θα σας φέρω ένα.
24.	Do you like to have salt and pepper?	Θέλετε αλάτι και πιπέρι;
25.	No, thank you. I do not use salt at all. Sometimes I put pepper on some food.	Όχι, ευχαριστώ. Δεν χρησιμοποιώ καθόλου αλάτι. Κάποτε βάζω πιπέρι σε μερικά φαγητά.
26.	Bon appetit.	Καλή όρεξη.
27.	May I have the bill?	Μπορώ να έχω τον λογαριασμό;
28.	Here it is.	Ορίστε.

Dialogue - Διάλογος

Some of the words you will find in this dialogue:

the catalogue, - the menu - ο κατάλογος, το μενού
yes - μάλιστα
all kinds - όλα τα είδη
ice cream - το παγωτό
beautiful, nice - ωραίο
big, large - μεγάλο
small - μικρό
two hundred - διακόσια
drachma - η δραχμή

What do you wish to have? What do you want ?- Τι θέλετε;

1. What do you like to have?   Τι θα πάρετε; Τι θέλετε;
2. What do you have?   Τι έχετε;
3. Do you like to see the catalogue (menu)? Θέλετε να δείτε τον κατάλογο,
                                      το μενού;
4. Yes, I like to see the menu.   Μάλιστα, θα ήθελα να δω τον
                                      κατάλογο.
5. What do you like?   Τι σας αρέσει;
6. I see that you have all kinds of   Βλέπω ότι έχετε όλα τα είδη
   ice cream.   παγωτών.
7. Yes, we have nice icecream.   Μάλιστα, έχομε ωραία παγωτά.
8. I want a vanilla ice cream.   Θέλω ένα παγωτό βανίλια.
9. Large or small?   Μεγάλο ή μικρό;
10. Large.   Μεγάλο.
11. Do you like to have some water?   Μήπως θέλετε και λίγο νερό;
12. Do you have cold water?   Έχετε κρύο νερό;
13. Yes, we have.   Μάλιστα, έχομε.
14. Then I want a glass of cold water. Τότε θέλω ένα ποτήρι κρύο νερό.
15. How much is the ice cream?   Πόσο κάνει το παγωτό;
16. Two hundred drachmas.   Διακόσιες δραχμές.
17. Here are two hundred drachmas.   Ορίστε διακόσιες δραχμές.
18. Thank you very much.   Ευχαριστώ πάρα πολύ.
19. Not at all.   Τίποτα.

Quiz No. 6

Translate: (You will find the correct answers on the tape):

1.	up, upstairs	46.	I like orange juice.
2.	here	47.	I want a glass of cold beer.
3.	there	48.	I like red wine.
4.	I am here.	49.	He likes white wine.
5.	You are there.	50.	Do you want a soft drink?
6.	Right.	51.	I have five oranges.
7.	Left.	52.	What is this?
8.	Inside.	53.	I want to eat.
9.	Outside.	54.	I want to go.
10.	Sit here.	55.	I want to talk.
11.	Sit there.	56.	I want to see.
12.	Come down.	57.	What do you want?
13.	Come up.	58.	Fried eggs.
14.	In front.	59.	Scrabbled eggs.
15.	He is inside.	60.	A nice breakfast.
16.	Come back.	61.	Black coffee.
17.	Go in front.	62.	Coffee with sugar.
18.	This man.	63.	Orange marmelade.
19.	This woman.	64.	I need a fork and a knife.
20.	This boy.	65.	I need a small spoon.
21.	That gentleman.	66.	Do you need salt and pepper?
22.	That lady.	67.	I have a napkin.
23.	On this day.	68.	Do you have ice cream?
24.	This year.	69.	May I have the menu?
25.	These children.	70.	We have all kinds of ice cream.
26.	Those girls.	71.	I want a large ice cream.
27.	On that day.	72.	I see something.
28.	Someone (man).	73.	I need something.
29.	Someone (woman).	74.	I want some sugar.
30.	Whoever.	75.	I want a cup of tea.
31.	Nobody.		
32.	All the people.		
33.	All the water.		
34.	Many men.		
35.	Many women.		
36.	Much water.		
37.	Many children.		
38.	One boy.		
39.	Two boys.		
40.	One student.		
41.	Two students.		
42.	One woman.		
43.	Three women.		
44.	The airplane.		
45.	The airplanes.		

(See translation on page 100)

Lesson 25

What are you? - Τι είσαι;

1.	I am a student.	Είμαι φοιτητής.
2.	a doctor.	ένας γιατρός.
3.	a lawyer.	ένας δικηγόρος.
4.	a professor.	ένας καθηγητής, μια καθηγήτρια.
5.	a teacher.	ένας δάσκαλος, μια δασκάλα.
6.	a dentist.	ένας οδοντίατρος.
7.	a pilot.	ένας πιλότος.
8.	a chauffeur.	ένας σωφέρ.
9.	an engineer.	ένας μηχανικός.
10.	the owner of a shop.	ένας καταστηματάρχης.
11.	a cook.	ένας μάγειρας.
12.	a waiter.	ένα γκαρσόνι.
13.	a nurse.	μια νοσοκόμα.
14.	a reporter.	ένας δημοσιογράφος.
15.	an athlete.	ένας αθλητής.
16.	a salesman.	ένας πωλητής.
17.	a policeman.	ένας αστυνομικός.
18.	a sailor.	ένας ναύτης.
19.	a hotel owner.	ένας ξενοδόχος.
20.	a tailor.	ένας ράφτης.
21.	an actor.	ένας ηθοποιός.
22.	a priest.	ένας παπάς, ένας ιερέας.
23.	a musician.	ένας μουσικός.
24.	a driver.	ένας οδηγός.
25.	a barber.	ένας κουρέας.
26.	a pharmacist.	ένας φαρμακοποιός.
27.	a taxi driver.	ένας ταξιτζής.
28.	a musician.	ένας μουσικός.
29.	a farmer.	ένας γεωργός.
30.	an accountant.	ένας λογιστής.
31.	a nurse.	ένας νοσοκόμος.
32.	a restaurateur.	ένας εστιάτορας.
33.	a mayor.	ένας δήμαρχος.
34.	a prime minister	ένας πρωθυπουργός.
35.	a secretary.	ένας γραμματέας.
36.	a minister.	ένας υπουργός.
37.	a theologian.	ένας θεολόγος.
38.	a bishop.	ένας επίσκοπος.
39.	a telephone operator.	ένας τηλεφωνητής.
40.	a surgeon.	ένας χειρούργος.

Dialogue - Διάλογος

1.	Good morning.	Καλημέρα.
2.	Who are you?	Ποιος είστε;
3.	I am Mr. Dimopoulos.	Είμαι ο κύριος Δημόπουλος.
4.	What are you?	Τι είστε;
5.	I am a doctor.	Είμαι ένας γιατρός.
6.	Where do you come from?	Από πού είστε;
7.	I am from England.	Είμαι από την Αγγλία.
8.	Where are you going?	Πού πηγαίνετε;
9.	I am going to Greece.	Πηγαίνω στην Ελλάδα.
10.	Where in Greece?	Πού, στην Ελλάδα;
11.	In Athens.	Στην Αθήνα.
12.	Will you stay long?	Θα μείνετε πολύν χρόνο (καιρό);
13.	One month.	Ένα μήνα.
14.	What are you going to do in Athens?	Τι θα κάμετε στην Αθήνα;
15.	I go for vacation.	Πηγαίνω για παραθερισμό.
16.	Are you going to see other places too?	Θα δείτε και άλλα μέρη;
17.	I do not know yet. Perhaps.	Δεν ξέρω ακόμα. Ίσως.
18.	Do you like Greece?	Σας αρέσει η Ελλάδα;
19.	Very much.	Πολύ.
20.	Have you come to Greece before?	Έχετε ξαναέρθει στην Ελλάδα;
21.	Many times.	Πολλές φορές.
22.	I wish you a nice trip and a nice stay.	Σας εύχομαι καλό ταξίδι και καλή διαμονή.
23.	Thank you.	Ευχαριστώ.

Lesson 26

How much is it? - Πόσο κάνει;

the jacket	το σακάκι	the hat	το καπέλο
~~the suit~~ OUTFIT	η φορεσιά	the shoes	τα παπούτσια
the shoes	τα παπούτσια	the shirt	το πουκάμισο
the tie	η γραβάτα	the sock	η κάλτσα
the socks	οι κάλτσες	the belt	η ζώνη
the watch	το ρολόι	the coat	~~το πανωφόρι~~, το παλτό
the blouse	η μπλούζα	the skirt	η φούστα
the dress	το φουστάνι	the ring	το δαχτυλίδι
the earrings	τα σκουλαρίκια	the gloves	τα γάντια
the perfume	το μυρωδικό	the suitcase	η βαλίτσα

η ΚΟΛΟΝΙΑ

1.	How much is this jacket?	Πόσο κάνει αυτό το σακάκι;
2.	this hat?	αυτό το καπέλο;
3.	this suit?	αυτή η φορεσιά;
4.	this perfume?	αυτό το μυρωδικό;
5.	this shirt?	αυτό το πουκάμισο;
6.	this tie?	αυτή η γραβάτα;
7.	this suit-case?	αυτή η βαλίτσα;
8.	this belt?	αυτή η ζώνη;
9.	this watch?	αυτό το ρολόι;
10.	this coat?	αυτό το παλτό (το πανωφόρι);
11.	this blouse?	αυτή η μπλούζα;
12.	this skirt?	αυτή η φούστα;
13.	this dress?	αυτό το φουστάνι;
14.	this bracelet?	αυτό το βραχιόλι;
15.	this ring?	αυτό το δαχτυλίδι;
16.	How much are these earrings?	Πόσο κάνουν αυτά τα σκουλαρίκια;
17.	these gloves?	αυτά τα γάντια;
18.	these women's shoes?	αυτά τα γυνακεία παπούτσια;
19.	these shoes?	αυτά τα παπούτσια;
20.	these socks?	αυτές οι κάλτσες;

Dialogue   Διάλογος

In this dialogue you will find these words:

I buy	αγοράζω	pair of pants	το πανταλόνι
size	νούμερο	of course	βεβαίως, βέβαια
~~wollen~~ woolen	μάλλινος	I can	μπορώ
silk	μεταξωτός	I owe	οφείλω
one hundred	εκατό(ν)	personal check	προσωπικό τσεκ
I need	χρειάζομαι	credit card	πιστωτική κάρτα

Present tense		*Past continuous tense*	
I buy -	αγοράζω	I was buying	αγόραζα
you buy	αγοράζεις	you were buying	αγόραζες
he buys	αγοράζει	he was buying	αγόραζε
we buy	αγοράζουμε	we were buying	αγοράζαμε
you buy	αγοράζετε	you were buying	αγοράζατε
they buy	αγοράζουν	they were buying	αγόραζαν

Past Simple tense		*Subjunctive*	
I bought	αγόρασα	(I) to buy	να αγοράσω
you bought	αγόρασες	(you) to buy	να αγοράσεις
he bought	αγόρασε	(he) to buy	να αγοράσει
we bought	αγοράσαμε	(we) to buy	να αγοράσουμε
you bought	αγοράσατε	(you) to buy	να αγοράσετε
they bought	αγόρασαν	(they) to buy	να αγοράσουν

Present tense

The verb	χρειάζομαι	The verb	μπορώ
I need	χρειάζομαι	I can	μπορώ
you need	χρειάζεσαι	you can	μπορείς
he, she, it needs	χρειάζεται	he, she, it can	μπορεί
we need	χρειαζόμαστε	we can	μπορούμε
you need	χρειάζεστε	you can	μπορείτε
they need	χρειάζονται	they can	μπορούν

1.	I like to buy a jacket.	Θέλω να αγοράσω ένα σακάκι.
2.	What size?	Τι νούμερο;
3.	Size forty.	Νούμερο σαράντα.
4.	What color?	Τι χρώμα;
5.	Blue color.	Μπλε χρώμα.

6.	Woollen or silk?	Μάλλινο ή μεταξωτό;
7.	Wollen.	Μάλλινο.
8.	How much is it?	Πόσο κάνει;
9.	One hundred dollars.	Εκατό δολλάρια.
10.	Do you want it?	Το θέλετε;
11.	Yes, I will buy it.	Μάλιστα, θα το αγοράσω.
12.	Do you need anything else?	Χρειάζεστε τίποτε άλλο;
13.	Do you have pants?	Έχετε πανταλόνια;
14.	Of course we have.	Βεβαίως, έχομε.
15.	May I see them?	Μπορώ να τα δω;
16.	Of course.	Βεβαίως.
17.	Where are they?	Πού είναι;
18.	Over there.	Εκεί.
19.	What color pants do you want?	Τι χρώμα πανταλόνια θέλετε;
20.	Grey.	Γκρίζο.
21.	What size?	Τι νούμερο;
22.	Thrity-four.	Τριάντα τέσσερα.
23.	Here is a nice pair of pants, size thirty-four.	Να ένα ωραίο πανταλόνι, νούμερο τριάντα τέσσερα.
24.	Thank you.	Ευχαριστώ.
25.	May I try it?	Μπορώ να το δοκιμάσω;
26.	Of course.	Βεβαίως.
27.	Does it fit you?	Σας κάνει;
28.	It fits me perfectly.	Μου κάνει τέλεια.
29.	Do you want it?	Το θέλετε;
30.	Yes.	Μάλιστα.
31.	How much do I owe you?	Πόσα σας οφείλω;
32.	The pants are fifty dollars.	Το πανταλόνι κάνει πενήντα δολλάρια.
33.	Altogether is one hundred and fifty dollars.	Όλα μαζί είναι εκατόν πενήντα δολλάρια.
34.	Do you accept personal checks?	Παίρνετε προσωπικά τσεκ;
35.	Yes, we do. We also accept credit cards.	Μάλιστα, παίρνομε και πιστωτικές κάρτες.
36.	Here is my personal check.	Ορίστε το τσεκ μου.
37.	Thank you very much.	Ευχαριστώ πολύ.
38.	I thank you too.	Και εγώ σας ευχαριστώ.
39.	I hope to see you again.	Ελπίζω να σας ξαναδούμε.
40.	I hope so.	Και εγώ το ελπίζω.
41.	Good bye.	Αντίο.

Lesson 27

Groceries - Foodstuff

Vocabulary:

bread	το ψωμί	cheese	το τυρί
fish	το ψάρι	meat	το κρέας
chicken	το κοτόπουλο	beef	το βωδινό (κρέας)
pork	το χοιρινό	pork chop	η μπριζόλα
pork chops	οι μπριζόλες	sausage	το λουκάνικο
macaroni	τα μακαρόνια	potato	η πατάτα
potatoes	οι πατάτες	french fries	τηγανιτές πατάτες
egg	το αυγό	eggs	τα αυγά
fried eggs	τηγανιτά αυγά	boiled eggs	βραστά αυγά
soft boiled eggs	μελάτα αυγά	omelette	η ομελέτα
ham	το ζαμπόν	tomato	η τομάτα
tomatoes	οι τομάτες	salad	η σαλάτα

What do you wish to have? What do you want? - Τι θέλετε;

1.	I want some bread.	Θέλω λίγο ψωμί.
2.	I want a loaf of bread.	Θέλω ένα ψωμί.
3.	I want two fried eggs.	Θέλω δυο τηγανιτά αυγά.
4.	I want two eggs with ham.	Θέλω δυο τηγανιτά αυγά με ζαμπόν.
5.	I want an omelette with cheese	Θέλω μια ομελέτα με τυρί.
6.	I want some feta cheese.	Θέλω λίγη φέτα.
7.	I want some pork chops.	Θέλω μπριζόλες.
8.	I want two pork chops.	Θέλω δυο μπριζόλες.
9.	I want some chicken.	Θέλω κοτόπουλο.
10.	I want a salad.	Θέλω μια σαλάτα.
11.	I want some tomatoes.	Θέλω μερικές τομάτες.

What does Mr. Papadopoulos want? -Τι θέλει ο κύριος Παπαδόπουλος;

coffee	ο καφές
tea	το τσάι
sugar	η ζάχαρη
milk	το γάλα
warm, hot	ζεστός
hot coffee	ζεστός καφές
hot tea	ζεστό τσάι
warm milk	ζεστό γάλα
warm chocolate	ζεστή σοκολάτα

1.	Mr. Papadopoulos wants a loaf of bread.	Ο κύριος Παπαδόπουλος θέλει ένα ψωμί.
2.	He wants some cheese.	Θέλει λίγο τυρί.
3.	He wants a glass of milk.	Θέλει ένα ποτήρι γάλα.
4.	He wants a glass of orange juice.	Θέλει ένα ποτήρι πορτοκαλάδα.
5.	He wants a cup of coffee.	Θέλει ένα καφέ.
6.	He wants milk in his coffee.	Θέλει γάλα στον καφέ του.
7.	He wants sugar in his coffee.	Θέλει ζάχαρη στον καφέ του.
8.	He wants hot coffee.	Θέλει ζεστό καφέ.
9.	He does not want tea.	Δε θέλει τσάι.

I like	μου αρέσει	I do not like	δε μου αρέσει
you like	σου αρέσει	you do not like	δε σου αρέσει
he likes	του αρέσει	he does not like	δεν του αρέσει
she likes	της αρέσει	she does not like	δεν της αρέσει
we like -	μας αρέσει	we do not like	δε μας αρέσει
you like -	σας αρέσει	you do not like	δε σας αρέσει
they like -	τους αρέσει	they do not like	δεν τους αρέσει

I like	μου αρέσουν	(more than one thing)
you like	σου αρέσουν	
he likes	του αρέσουν	
she likes	της αρέσουν	
we like	μας αρέσουν	
you like	σας αρέσουν	
they like	τους αρέσουν	

salt	αλάτι
pepper	το πιπέρι
oil	το λάδι
vinegar	το ξύδι
onion	το κρεμμύδι
garlic	το σκόρδο
Greek	ελληνικός - ελληνική - ελληνικό

1.	I like wine.	Μου αρέσει το κρασί.
2.	I do not like beer.	Δε μου αρέσει η μπύρα.
3.	I like fried potatoes.	Μου αρέσουν οι τηγανιτές πατάτες.
4.	She likes bread.	Της αρέσει το ψωμί.
5.	He does not like fish.	Δεν του αρέσουν τα ψάρια.
6.	They like pork chops.	Τους αρέσουν οι μπριζόλες.
7.	I like Greek salad.	Μου αρέσει η ελληνική σαλάτα.
8.	I like a salad with oil and vinegar.	Μου αρέσει μια σαλάτα με λάδι και ξύδι.

9.	I want some onion in the salad.	Θέλω κρεμμύδι στη σαλάτα.
10.	I do not want garlic in the salad.	Δε θέλω σκόρδο στη σαλάτα.
11.	I like black coffee.	Μου αρέσει ο μαύρος καφές.
12.	I do not like sugar or milk in my coffee.	Δε μου αρέσουν η ζάχαρη και το γάλα στον καφέ μου.
13.	I do not like tea.	Δε μου αρέσει το τσάι.
14.	Do you like potatoes?	Σας αρέσουν οι πατάτες;
15.	Do you like macaroni?	Σας αρέσουν τα μακαρόνια;
16.	Do you like black coffee?	Σας αρέσει ο μαύρος καφές;
17.	Do you like Greek salad?	Σας αρέσει η ελληνική σαλάτα;
18.	Do you like oil and vinegar in your salad?	Σας αρέσει λάδι και ξύδι στη σαλάτα σας;

I drink	πίνω	I do not drink	δεν πίνω
you drink	πίνεις	you do ony drink	δεν πίνεις
he drinks	πίνει	hr does not drink	δεν πίνει
we drink	πίνομε or πίνουμε	we do not drink	δεν πίνουμε
you drink	πίνετε	you do not drink	δεν πίνετε
they drink	πίνουν	they do not drink	δεν πίνουν

1.	I drink coffee.	Πίνω καφέ.
2.	I do not drink tea.	Δεν πίνω τσάι.
3.	What do you drink?	Τι πίνετε;
4.	What does he drink?	Τι πίνει;
5.	What does Mr. Papadopoulos drink?	Τι πίνει ο κύριος Παπαδόπουλος;
6.	Mr. Papadopoulos drinks tea with sugar.	Ο κύριος Παπαδόπουλος πίνει τσάι με ζάχαρη.
7.	What do we drink?	Εμείς, τι πίνουμε;
8.	We drink wine; we do not drink beer.	Εμείς πίνουμε κρασί, δεν πίνουμε μπύρα.
9.	What do they drink?	Αυτοί, τι πίνουν;
10.	They drink beer.	Αυτοί πίνουν μπύρα.
11.	What do you drink?	Εσείς τι πίνετε;
12.	We do not drink anything.	Εμείς δεν πίνουμε τίποτα.

QUIZ NO. 7

Can you say the following in Greek? (correct answers on the tape; translation on page 100)

1. the doctor
2. the professor
3. the actor
4. the taxi driver
5. the secretary

6. the nurse
7. the policeman
8. the teacher
9. the dentist
10. the athlete
11. the priest
12. the musician
13. the engineer
14. the barber
15. the student
16. the pupil
17. the reporter
18. the sailor
19. Who are you ?
20. What are you?
21. How are you?
22. Where are you going?
23. Where are you from?
24. What is your name?
25. Do you travel?
26. How do you travel?
27. When do you travel?
28. How do you go to Greece?
29. How long will you stay?
30. Have you ever been in Greece?
31. How many times?
32. Do you know Athens?
33. Are you going for vacation or work?

34. Do you have a jacket?
35. Are you wearing a jacket?
36. Do you have a hat?
37. Do you wear hats?
38. Do you have a watch?
39. Is this your watch?
40. Are your shoes black?
41. Do you have a pair of red shoes?

42. Are these your gloves?
43. Is this your coat?
44. Are these your socks?
45. Do you have a suit case?
46. What is this perfume?

47. Do you have a white shirt?
48. What are you buying?
49. What did you buy?
50. What will you buy?
51. What do you need?
52. How much is this?
53. Can you buy this?
54. Do you want to buy this?
55. Do you have a credit card?

56. bread
57. eggs
58. fried eggs
59. tomatoes
60. chicken
61. a salad
62. coffee and tea
63. milk and sugar
64. feta cheese
65. I like coffee.
66. I like apples.
67. I need salt and pepper.
68. A Greek salad
69. oil and vinegar
70. fried potatoes
71. What do you drink?
72. I drink Greek coffee.
73. I need some tea.

(For the translation see page 101)

Useful sentences with <u>πρέπει</u> (must) and <u>είναι ανάγκη</u> (it is necessary):

1.	I must go	Πρέπει να πάω	11.	We must go.	Πρέπει να πάμε.
2.	come	να έρθω	12.	come	να 'ρθούμε
3.	eat	να φάω	13.	eat	να φάμε
4.	see	να δω	14.	see	να δούμε
5.	leave	να φύγω	15.	leave	να φύγουμε
6.	run	να τρέξω	16.	run	να τρέξουμε
7.	talk	να μιλήσω	17.	speak	να μιλήσουμε
8.	drink	να πιω	18.	drink	να πιούμε
9.	say	να πω	19.	say	να πούμε
10.	write	να γράψω	20.	write	να γράψουμε

21. It is necessary (for us) to go   Είναι ανάγκη να πάμε.

to see	να δούμε
to come	να έρθουμε (να ' ρθούμε)
to speak	να μιλήσουμε
to dance	να χορέψουμε
to sing	να τραγουδήσουμε
to play	να παίξουμε
to drink	να πιούμε
to eat	να φάμε
to work	να δουλέψουμε
to write	να γράψουμε
to talk	να μιλήσουμε
to stand	να σταθούμε
to sit	να καθίσουμε
to wake	να ξυπνήσουμε
to wash	να πλυθούμε
to fight	να πολεμήσουμε
to win	να κερδίσουμε
to say	να πούμε

It is necessary (for me) to go.	Είναι ανάγκη να πάω.
It is necessary (for you) to go.	Είναι ανάγκη να πας.
It is necessary (for him) to go.	Είναι ανάγκη να πάει.
It is necessary (for you, *pl.*) to go.	Είναι ανάγκη να πάτε.
It is necessary (for them) to go.	Είναι ανάγκη να πάνε.

Lesson 29

Useful sentences with τι (what) and πώς: (how?)

What do you say, what are you saying?	Τι λες;		
doing?	Τι κάνεις;	Τι κάνετε;
write?	Τι γράφεις;	Τι γράφετε;
play?	Τι παίζεις;	Τι παίζετε;
want?	Τι θέλεις;	Τι θέλετε;
think?	Τι νομίζεις;	Τι νομίζετε;
suggest?	Τι εισηγείσαι;	Τι εισηγείστε;
drink?	Τι πίνεις;	Τι πίνετε;
eat?	Τι τρώγεις;	Τι τρώγετε;

How is it? Πώς είναι;

beautiful	ωραίο, όμορφο
ugly	άσχημο
small	μικρό
large	μεγάλο
tall	ψηλό
short	κοντό
sweet	γλυκό
bitter	πικρό
tasty	νόστιμο
tasteless	άνοστο
true	αληθινό
false	ψεύτικο
good	καλό
bad	κακό
smart	έξυπνο
stupid	ηλίθιο
excellent	εξαίρετο
mediocre	μέτριο

happy	ευτυχισμένος
unhappy	δυστυχισμένος
pleased	ευχαριστημένος
not pleased	δυσαρεστημένος
pleasant	ευχάριστος
unpleasant	δυσάρεστος
satisfied	ικανοποιημένος
unsatisfied	ανικανοποίητος
able	ικανός
unable	ανίκανος

Lesson 30

Adverbs of manner:

He speaks	Μιλά
nicely	ωραία
beautifully	ωραία
badly	άσχημα, κακά
wonderfully	θαυμάσια
excellently	εξαίσια
satisfactorily	ικανοποιητικά
quickly	γρήγορα
slowly	σιγά
continuously	διαρκώς
perfectly	τέλεια
He came	Ήρθε
suddenly	ξαφνικά
straight	ίσια
separately	χωριστά
exactly at six	ακριβώς στις 6
at once	μονομιάς
of course	βέβαια, βεβαίως
completely	εντελώς
fortunately	ευτυχώς

Adverbs of quantity:

He eats	Τρώγει
much	πολύ
little	λίγο
more	περισσότερο
enough	αρκετά
as much as	τόσο όσο
at least	τουλάχιστο
almost	σχεδόν
not at all	διόλου, καθόλου
completely	ολότελα
rather	μάλλον
equally	εξίσου
so much	τόσο

Adverbs of time:

when ?	πότε;	When did he come? Πότε ήρθε;
sometime	κάποτε	He came sometime. Ήρθε κάποτε.
never	ποτέ	He never came. Δεν ήρθε ποτέ.
always	πάντοτε	He always comes. Έρχεται πάντοτε.
then	τότε	At the time he came Τότε που ήρθε.
now	τώρα	He is coming now. Έρχεται τώρα.
whenever	όποτε	Whenever he comes. Όποτε έρθει.
at once	αμέσως	Come at once. Έλα αμέσως.
already	ήδη, κιόλας	He has already come. Έχει ήδη (κιόλας) έρθει.
still, yet	ακόμα, ακόμη	He has not yet come. Δεν έχει έρθει ακόμα.
again	πάλι, ξανά	He came again. Ήρθε πάλι. Ήρθε ξανά.
often	συχνά	He comes often. Έρχεται συχνά.
usually	συνήθως	He usually comes in the morning. Συνήθως έρχεται το πρωί.
after	κατόπιν, έπειτα	He came after. Ήρθε κατόπιν.
before	πριν	He came before us. Ήρθε πριν από μας.

first	πρώτα	First he came here. Πρώτα ἧρθε εδώ.
early	νωρίς	He came early. Ἦρθε νωρίς.
late	αργά	He came late. Ἦρθε αργά.
quickly	γρήγορα	He came quickly. Ἦρθε γρήγορα.
the day before yesterday	προχτές	He came the day before yesterday. Ἦρθε προχτές.
today	σήμερα	He is coming today. Ἔρχεται σήμερα.
last night	ψες	He came last night. Ἦρθε ψες.
tonight	απόψε	He is coming tonight. Ἔρχεται απόψε.
the day after tomorrow	μεθαύριο	He will come the day after tomorrow. Θα ἐρθει μεθαύριο.
last year	πέρσι	He came last year. Ἦρθε πέρσι.
the year before	πρόπερσι	He came the year before. Ἦρθε πρόπερσι.
this year	φέτος	He came this year. Ἦρθε φέτος.
next year	του χρόνου	He will come next year. Θα ἐρθει του χρόνου.
after, afterwards	ἔπειτα	Then he said. Ἔπειτα εἴπε.

Lesson 31

Useful phrases and sentences:

1. What do you say?   Τι λες; Τι λέγετε;

2. What do you? How are you?   Τι κάνεις; Τι κάνετε;

3. What do you write?   Τι γραφεις; Τι γράφετε;

4. What do you play?   Τι παίζεις; Τι παίζετε;

5. What do you think?   Τι νομίζεις; Τι νομίζετε;

6. What do you suggest?   Τι εισηγείσαι; Τι εισηγείστε;

7. What are are you reading?   Τι διαβάζεις; Τι διαβάζετε;

8. What do you have?   Τι έχεις; Τι έχετε;

9. What is happening?   Τι συμβαίνει;

10. What happened?   Τι συνέβηκε;

11. Nice. Beautifully.   Ωραία.

12. Well.   Καλά.

13. Very well.   Πολύ καλά.

14. Not so good.   Όχι και τόσο καλά.

15. Good enough.   Αρκετά καλά.

16. Poorly.   Φτωχικά.

17. Perfectly.   Τέλεια.

18. Wonderfully.   Θαυμάσια.

19. Exceptionally well.   Εξαιρετικά καλά.

20. Politely.   Ευγενικά.

Lesson 32

May I have ? - Μπορώ να έχω;

1.	May I have a glass of water?	Μπορώ να έχω ένα ποτήρι νερό;
2.	a glass of cold water?	ένα ποτήρι κρύο νερό;
3.	some milk?	λίγο γάλα;
4.	a glass of milk?	ένα ποτήρι γάλα;
5.	a cup of hot chocolate?	ένα φλυτζάνι ζεστή σοκολάτα;
6.	a soft drink?	ένα αναψυκτικό;
7.	a cold beer?	μια κρύα μπύρα;
8.	a plate of macaroni?	ένα πιάτο μακαρόνια;
9.	some chicken?	λίγο κοτόπουλο;
10.	a glass of wine?	ένα ποτήρι κρασί;
11.	two pork chops?	δυο μπριζόλες;
12.	some fried potatoes?	μερικές τηγανιτές πατάτες;
13.	two fried eggs?	δυο τηγανιτά αυγά;
14.	two soft boiled eggs?	δυο μελάτα αυγά;
15.	a plain omelette?	μια σκέτη ομελέττα;
16.	a salad?	μια σαλάτα;
17.	a plate of macaroni?	ένα πιάτο μακαρόνια;
18.	fried fish?	τηγανιτό ψάρι;
19.	some shrimp?	μερικές γαρίδες;
20.	some caviar?	λίγο χαβιάρι;
21.	fresh beans?	φρέσκα φασολάκια;
22.	beans?	φασόλια;
23.	lentils?	φακές;
24.	caviar salad?	ταραμοσαλάτα;
25.	cheese pies?	τυροπιτάκια;
26.	potato salad?	πατατοσαλάτα;
27.	fried squash?	τηγανιτά κολοκυθάκια;
28.	fried egg plant?	τηγανιτές μελιτζάνες;
29.	some salmon?	λίγο σολομό;
30.	some tuna fish?	λίγο τόνο;
31.	some cheese?	λίγο τυρί;
32.	some feta cheese?	λίγη φέτα;
33.	a baklava?	ένα μπακλαβά;
34.	a glass of ouzo?	ένα ποτήρι ούζο;
35.	a glass of cognac?	ένα ποτήρι κονιάκ;

Lesson 33

Where is? - Πού είναι;

airport	το αεροδρόμιο	hotel	το ξενοδοχείο
theater	το θέατρο	hospital	το νοσοκομείο
market	η αγορά	church	η εκκλησία
harbor	το λιμάνι	station	ο σταθμός
beach	η πλαζ	bank	η τράπεζα
pharmacy	το φαρμακείο	park	το πάρκο
restaurant	το εστιατόριο	tavern	η ταβέρνα
post office	το ταχυδρομείο	bus station	ο σταθμός λεωφορείων

train station	ο σιδηροδρομικός σταθμός
police station	ο αστυνομικός σταθμός
radio station	ο ραδιοφωνικός σταθμός

1. Where is the airport? — Πού είναι το αεροδρόμιο;
2. the hotel? — το ξενοδοχείο;
3. the theater? — το θέατρο;
4. the hospital? — το νοσοκομείο;
5. the market? — η αγορά;
6. the church? — η εκκλησία;
7. the harbor? — το λιμάνι;
8. the station? — ο σταθμός;
9. bus station — ο σταθμός των λεωφορείων;
10. the train station — ο σιδηροδρομικός σταθμός;
11. the taxi stop? — ο σταθμός των ταξί;
12. the beach? — η πλαζ;
13. the bank? — η τράπεζα;
14. a pharmacy? — ένα φαρμακείο;
15. a restaurant? — ένα εστιατόριο;
16. a tavern? — μια ταβέρνα;
17. the park? — το πάρκο;
18. the radio station? — ο ραδιοφωνικός σταθμός;
19. the post office? — το ταχυδρομείο;
20. the police station? — ο αστυνομικός σταθμός;

QUIZ No 8

1. I must go.
2. I must come.
3. I must see.
4. I must speak.
5. I must tell.
6. I must drink.
7. I must eat.
8. I must write.
9. I must leave.

10. It is necessary (for me) to work.
11. It is necessary (for us) to work.
12. It is necessary (for them) to talk.
13. It is necessary (for you) to eat.
14. It is necessary (for him) to sit.
15. It is necessary (for her) to come.

16. It is beautiful.
17. It is small.
18. It is large.
19. It is sweet.
20. It is bitter.
21. It is tasteless.
22. He is smart.
23. It is false.
24. He is tall.
25. He is short.
26. He is happy.
27. He is pleasant.

28. He speaks fast,
    slowly,
    nicely,
    perfectly.
    beautifully,

29. He came yesterday,
    the day before yesterday,
    once,
    suddenly,
    again,
    twice.
    now,
    at once,

30. He eats
    very little
    much,
    very little
    little,
    more

31. At least,
    almost,
    not at all

32. May I have
    a glass of beer,
    two eggs,
    a salad,
    a glass of ouzo,
    a glass of water,
    a black coffee,
    two fried eggs,
    a plain salad,
    a glass of cognac,
    a glass of milk,
    a tea,
    two soft boiled eggs,
    some cheese,
    some macaroni.

33. Where is the theater?
    the cinema?
    the bus station?
    the airport?
    the bank?
    the radio station?
    the museum?
    the pharmacy?
    the train station?

(For the translation of this quiz see page 102)

Lesson 34

What color is it? - Τι χρώμα είναι;

1. What color is the sky?　　Τι χρώμα είναι ο ουρανός;
   The sky is blue.　　Ο ουρανός είναι γαλανός.

2. The sea is blue.　　Η θάλασσα είναι γαλανή.
3. The milk is white.　　Το γάλα είναι άσπρο.
4. The coffee is black.　　Ο καφές είναι μαύρος.
5. The shoes are brown.　　Τα παπούτσια είναι καφέ.

6. The rose is red.　　Το τριαντάφυλλο είναι κόκκινο.
7. The light is red.　　Το φως είναι κόκκινο.
8. The light is green.　　Το φως είναι πράσινο.
9. The tie is red.　　Η γραβάτα είναι κόκκινη.
10. The dress is white.　　Το φόρεμα είναι άσπρο.

11. The coat is black.　　Το παλτό είναι μαύρο.
12. The lemon is yellow.　　Το λεμόνι είναι κίτρινο.
13. The car is blue.　　Το αυτοκίνητο είναι μπλε.
14. The orange is orange.　　Το πορτοκάλι είναι πορτοκαλί.
15. The watermelon is red.　　Το καρπούζι είναι κόκκινο.

16. The strawberries are red.　　Οι φράουλες είναι κόκκινες.
17. The apples are red.　　Τα μήλα είναι κόκκινα.
18. The apples are green.　　Τα μήλα είναι πράσινα.
19. The apples are yellow.　　Τα μήλα είναι κίτρινα.
20. The cherries are red.　　Τα κεράσια είναι κόκκινα.

21. The suit is brown.　　Η φορεσιά είναι καφέ.
22. The hat is black.　　Το καπέλο είναι μαύρο.
23. The shirt is white.　　Το πουκάμισο είναι άσπρο.
24. The underwear is white.　　Τα εσώρουχα είναι άσπρα.
25. The dress is yellow.　　Το φουστάνι είναι κίτρινο.
26. The suit is blue.　　Η φορεσιά είναι μπλε.
27. The suit is black.　　Η φορεσιά είναι μαύρη.
28. The car is red.　　Το αυτοκίνητο είναι κόκκινο.
29. The carpet is beige.　　Το χαλί είναι μπεζ.

Lesson 35
I want to buy - Θέλω να αγοράσω

1.	I want to buy a pair of shoes.	Θέλω να αγοράσω ένα ζευγάρι παπούτσια.
2.	black shoes	μαύρα παπούτσια.
3.	a red tie	μια κόκκινη γραβάτα.
4.	a pair of pants	ένα πανταλόνι.
5.	grey pants	γκρίζο πανταλόνι.
6.	a suit	μια φορεσιά (κοστούμι).
7.	a brown suit	μια καφέ φορεσιά.
8.	a shirt	ένα πουκάμισο.
9.	a white shirt	ένα άσπρο πουκάμισο.
10.	a blue shirt also	και ένα μπλε πουκάμισο.
11.	three pairs of socks	τρία ζευγάρια κάλτσες.
12.	I want a brown pair, a blue pair and a white pair	Θέλω ένα ζευγάρι καφέ, ένα ζευγάρι μπλε και ένα ζευγάρι άσπρο.
13.	a hat	ένα καπέλο.
14.	a black hat	ένα μαύρο καπέλο.
15.	a dress	ένα φουστάνι.
16.	a yellow dress	ένα κίτρινο φουστάνι.
17.	a green hat	Θέλω να αγοράσω ένα πράσινο καπέλο.
18.	a belt	μια ζώνη.
19.	a purple blouse	μια πορφυρένια μπλούζα.
20.	a red skirt	μια κόκκινη φούστα.

Lesson 36

What time is it? - Τι ώρα είναι;

1.	It is one o'clock.	Είναι μία (or μια) η ώρα.
2.	It is five after one.	Είναι μία και πέντε.
3.	It is ten after one.	Είναι μία και δέκα.
4.	It is quarter after one.	Είναι μία και τέταρτο.
5.	It is fifteen after one.	Είναι μία και τέταρτο.
6.	It is twenty after one.	Είναι μία και είκοσι.
7.	It is twenty-five after one.	Είναι μία και είκοσι πέντε.
8.	It is one thirty.	Είναι μιάμιση.
9.	It is one thirty.	Είναι μία και τριάντα. (μία και μισή)
10.	It is one thirty-five. It is twenty five to two.	Είναι μια και τριάντα πέντε. Είναι δυο παρά είκοσι πέντε.
11.	It is one forty. It is twenty to two.	Είναι μια και σαράντα. Είναι δυο παρά είκοσι.
12.	It is one forty-five. It is quarter to two.	Είναι μια και σαράντα πέντε. Είναι δυο παρά τέταρτο.
13.	It is one fifty. It is ten to two.	Είναι μια και πενήντα. Είναι δυο παρά δέκα.
14.	It is one fifty-five. It is five to two.	Είναι μια και πενήντα πέντε. Είναι δυο παρά πέντε.
15.	It is two o'clock.	Είναι δύο η ώρα.
16.	It is twenty-five to two.	Είναι δυο παρά εικοσιπέντε.
17.	It is twenty to two.	Είναι δυο παρά είκοσι.
18.	It is quarter to two.	Είναι δυο παρά τέταρτο.
19.	It is ten to two.	Είναι δυο παρά δέκα.
20.	It is five to two.	Είναι δυο παρά πέντε.
21.	It is three o' clock.	Είναι τρεις η ώρα.
22.	It is four o' clock.	Είναι τέσσερις η ώρα.
23.	It is five o' clock.	Είναι πέντε η ώρα.
24.	It is six o' clock.	Είναι έξι η ώρα.
25.	It is eight o' clock.	Είναι οχτώ η ώρα.
26.	It is nine o' clock.	Είναι εννιά η ώρα.
27.	It is eleven o' clock.	Είναι έντεκα η ώρα.
28.	It is seven twenty-five.	Είναι εφτά και είκοσι πέντε.
29.	It is nine-thirty	Είναι εννιάμιση.

Lesson 37

What is it now? - Τι είναι τώρα;

1.	Now it is morning.	Τώρα είναι πρωί.
2.	Now it is noon.	Τώρα είναι μεσημέρι.
3.	Now it is afternoon.	Τώρα είναι απόγευμα.
4.	Now it is evening.	Τώρα είναι βράδυ.
5.	Now it is night.	Τώρα είναι νύχτα.
6.	Now it is midnight.	Τώρα είναι μεσάνυχτα.
7.	Now it is day.	Τώρα είναι μέρα.
8.	It is a nice day.	Είναι ωραία μέρα.
9.	It is a cool evening.	Είναι ένα δροσερό βράδι.
10.	It is a hot day.	Είναι ζεστή μέρα.
11.	It is a cold night.	Είναι κρύα νύχτα.
12.	It is a bright day.	Είναι μια λαμπρή μέρα.
13.	It is a cold morning.	Είναι ένα κρύο πρωινό.
14.	It is dark.	Είναι σκοτάδι.
15.	It is dawning.	Ξημερώνει.
16.	Evening is coming.	Βραδιάζει.
17.	It is getting dark.	Νυχτώνει, βραδιάζει.
18.	It is getting cold.	Κρυώνει.
19.	It is getting warm.	Ζεσταίνει.
20.	It is a dark evening.	Είναι σκοτεινό βράδι.
21.	It is cold.	Κάνει κρύο.
22.	It is hot.	Κάνει ζέστη.
23.	It is warm.	Κάνει ζέστη.
24.	It is cool.	Κάνει δροσιά.
25.	It rains. It is raining.	Βρέχει.
26.	It snows. It is snowing.	Χιονίζει.
27.	It blows. It is blowing,	Φυσά.
28.	It thunders. It is thundering.	Βροντά.
29.	It is lightning.	Αστράφτει.
30.	It is getting cloudy.	Συννεφιάζει.
31.	The sky is cloudy.	Ο ουρανός είναι συννεφιασμένος.
32.	The weather is rainy.	Ο καιρός είναι βροχερός.
33.	The weather is warm.	Ο καιρός είναι ζεστός.
34.	The weather is cold.	Ο καιρός είναι κρύος.
35.	The weather is nice.	Ο καιρός είναι καλός.

Lesson 38
Mine - My own - Το δικό μου

my book	το βιβλίο μου	your book	το βιβλίο σου
my pencil	το μολύβι μου	your pencil	το μολύβι σου
my house	το σπίτι μου	your house	το σπίτι σου
my school	το σχολείο μου	your school	το σχολείο σου
my father	ο πατέρας μου	your father	ο πατέρας σου
my mother	η μητέρα μου	your mother	η μητέρα σου
my brother	ο αδελφός μου	your brother	ο αδελφός σου
my wife	η γυναίκα μου	your wife	η γυναίκα σου
my children	τα παιδιά μου	your children	τα παιδιά σου
his room	το δωμάτιό του	her hat	το καπέλο της
his house	το σπίτι του	her shoes	τα παπούτσια της
his shirt	το πουκάμισό του	her jacket	η ζακέτα της
his pants	το πανταλόνι του	her skirt	η φούστα της
our car	το αυτοκίνητό μας	your car	το αυτοκίνητό σας
our money	τα χρήματά μας	your money	τα χρήματά σας
our friends	οι φίλοι μας	your friends	οι φίλοι σας
their school	το σχολείο τους	their car	το αυτοκίνητό τους
their house	το σπίτι τους	their father	ο πατέρας τους

What are these? - Τι είναι αυτά;

1. These are my shoes.   Αυτά είναι τα παπούτσια μου.
2. These are my clothes.   Αυτά είναι τα ρούχα μου.
3. This is his coat.   Αυτό είναι το παλτό του.
4. This is her dress.   Αυτό είναι το φόρεμά της.
5. These are our books.   Αυτά είναι τα βιβλία μας.
6. These are their pencils.   Αυτά είναι τα μολύβια τους.
7. These are your tablets.   Αυτά είναι τα τετράδιά σας.
8. This is our house.   Αυτό είναι το σπίτι μας.
9. This is our game.   Αυτό είναι το παιχνίδι μας.
10. This is your room.   Αυτό είναι το δωμάτιό σου.
11. That is her room.   Εκείνο είναι το δωμάτιό της.

12.	Those are our children.	Εκείνα είναι τα παιδιά μας.
13.	These are not your books.	Αυτά δεν είναι τα βιβλία σας.
14.	That is my glass.	Εκείνο είναι το ποτήρι μου.
15.	That is not her book.	Εκείνο δεν είναι το βιβλίο της.
16.	This is my class.	Αυτή είναι η τάξη μου.
17.	This is our class.	Αυτή είναι η τάξη μας.
18.	That is their school.	Εκείνο είναι το σχολείο τους.
19.	This is our car.	Αυτό είναι το αυτοκίνητό μας.
20.	That is not our car.	Εκείνο δεν είναι το αυτοκίνητό μας.

More Numbers - Αριθμοί:

101	one hundred and one	εκατόν ένα
200	two hundred	διακόσια
300	three hundred	τριακόσια
400	four hundred	τετρακόσια
500	five hundred	πεντακόσια
600	six hundred	εξακόσια
700	seven hundred	εφτακόσια
800	eight hundred	οχτακόσια
900	nine hundred	εννιακόσια
1000	one thousand	χίλια
2,000	two thousand	δυο χιλιάδες
3,000	three thousand	τρεις χιλιάδες
4,000	four thousand	τέσσερις χιλιάδες
5,000	five thousand	πέντε χιλιάδες
6,000	six thousand	έξι χιλιάδες
7,000	seven thousand	εφτά χιλιάδες
8,000	eight thousand	οχτώ χιλιάδες
9,000	nine thousand	εννιά χιλιάδες
10,000	ten thousand	δέκα χιλιάδες
100,000	one hundred thousand	εκατό χιλιάδες
500,000	five hundred thousand	πεντακόσιες χιλιάδες
1,000,000	one million	ένα εκατομμύριο
10,000,000	ten million	δέκα εκατομμύρια

Lesson 39

How much is it? - Πόσο κάνει;

	English	Greek
1.	How much is a kilo of tomatoes? A kilo of tomatoes is 200 drachmas.	Πόσο κάνει ένα κιλό τομάτες; Ένα κιλό τομάτες κάνει διακόσιες δραχμές.
2.	How much is this watermelon? This watermelon is five hundred drachmas.	Πόσο κάνει αυτό το καρπούζι; Αυτό το καρπούζι κάνει πεντακόσιες δραχμές.
3.	How much is a kilo of potatoes? It is fifty drachmas.	Πόσο κάνει ένα κιλό πατάτες; Κάνει πενήντα δραχμές.
4.	How much are the oranges? The oranges are one hundred drachmas per kilo.	Πόσο κάνουν τα πορτοκάλια; Τα πορτοκάλια κάνουν εκατό δραχμές το κιλό.
5.	How much is this suit? This suit is three hundred dollars.	Πόσο κάνει αυτή η φορεσιά; Αυτή η φορεσιά κάνει τριακόσια δολλάρια.
6.	How much is this coat? This coat is two hundred dollars.	Πόσο κάνει αυτό το παλτό; Αυτό το παλτό κάνει διακόσια δολλάρια.
7.	How much is this car? It is twenty thousand dollars.	Πόσο κάνει αυτό το αυτοκίνητο; Κάνει είκοσι χιλιάδες δολλάρια.
8.	How much is this house? This house is two hundred thousand dollars.	Πόσο κάνει αυτό το σπίτι; Αυτό το σπίτι κάνει διακόσιες χιλιάδες δολλάρια.
9.	How much is this shirt? This shirt is thirty dollars.	Πόσο κάνει αυτό το πουκάμισο; Αυτό το πουκάμισο κάνει τριάντα δολλάρια.
10.	How much is the ticket? The ticket is one thousand drachmas.	Πόσο κάνει το εισιτήριο; Το εισιτήριο κάνει χίλιες δραχμές.
11.	How much is the air fare? The air fair is eight hundred dollars.	Πόσο κάνει το αεροπορικό εισιτήριο; Το αεροπορικό εισιτήριο κάνει οχτακόσια δολλάρια.
12.	How much is this bicycle? This bicycle is one hundred dollars.	Πόσο κάνει αυτό το ποδήλατο; Αυτό το ποδήλατο κάνει εκατό δολλάρια.

Lesson 40

The months:

January	ο Ιανουάριος	ο	Γενάρης
February	ο Φεβρουάριος	ο	Φλεβάρης
March	ο Μάρτιος	ο	Μάρτης
April	ο Απρίλιος	ο	Απρίλης
May	ο Μάιος	ο	Μάης
June	ο Ιούνιος	ο	Ιούνης
July	ο Ιούλιος	ο	Ιούλης
August	ο Αύγουστος	ο	Αύγουστος
September	ο Σεπτέμβριος	ο	Σεπτέμβρης
October	ο Οκτώβριος	ο	Οχτώβρης
November	ο Νοέμβριος	ο	Νοέμβρης
December	ο Δεκέμβριος	ο	Δεκέμβρης

How to tell the date:

First of January 1950	Πρώτη Ιανουαρίου, 1950 (Χίλια εννιακόσια πενήντα)
February 10, 1930	Δέκα Φεβρουαρίου 1930 (Χίλια εννιακόσια τριάντα)
March 25th, 1821	Είκοσι πέντε Μαρτίου 1821 (Χίλια Οχτακόσια είκοσι ένα)
April 3rd, 1777	Τρεις Απριλίου 1777 (χίλια εφτακόσια εβδομήντα εφτά)
25th of December 1993	25 Δεκεμβρίου 1993 (χίλια εννιακόσια ενενήντα τρία)
On the 12th of September	Στις 12 Σεπτεμβρίου or Στις 12 του Σεπτέμβρη
On the 28th of October	Στις 28 Οκτωβρίου or Στις 28 του Οχτώβρη
On Christmas Day	Τα Χριστούγεννα
On New Year's Day	Την Πρωτοχρονιά
On Thanksgiving Day	Την Ημέρα των Ευχαριστιών
On Easter Day	Το Πάσχα
On my Birthday	Τα Γενέθλιά μου or στα γενέθλιά μου
On our Anniversary	Την Επέτειό μας
On your name Day	Την ονομαστική σου γιορτή or στη γιορτή σου

Dialogue - Διάλογος

I come	έρχομαι	I came	ήρθα
you come	έρχεσαι	you came	ήρθες
he, she comes	έρχεται	he, she came	ήρθε
we come	ερχόμαστε	we came	ήρθαμε
you come	έρχεστε	you came	ήρθατε
they come	έρχονται	they came	ήρθαν
I leave	φεύγω	I left	έφυγα
you leave	φεύγεις	you left	έφυγες
he, she leaves	φεύγει	he left	έφυγε
we leave	φεύγουμε	we left	φύγαμε
you leave	φεύγετε	you left	φύγατε
they leave	φεύγουν	they left	έφυγαν

1. When did you come? — Πότε ήρθες;
2. I came on Saturday. — Ήρθα το Σάββατο
3. When are you leaving? — Πότε φεύγεις;
4. I am leaving on Sunday. — Φεύγω την Κυριακή.
5. Do you work on Monday? — Δουλεύεις τη Δευτέρα;
6. Yes, I work on Monday. — Μάλιστα, δουλεύω τη Δευτέρα.
7. Where will you go on Tuesday? — Πού θα πας την Τρίτη;
8. I am going to New York on Tuesday. — Την Τρίτη θα πάω στη Νέα Υόρκη.
9. When are you coming back? — Πότε θα γυρίσεις;
10. I will come back on Friday. — Θα γυρίσω την Παρασκευή.
11. What are you going to do on Saturday? — Τι θα κάμεις το Σάββατο;
12. I do not know yet. — Δεν ξέρω ακόμα.
13. What day is today? — Τι μέρα είναι σήμερα;
14. Today is Thursday. — Σήμερα είναι Πέμπτη.
15. What date is today? — Τι ημερομηνία είναι σήμερα;
16. It is the 25th of March. — Είναι η 25 Μαρτίου.
17. Do you know what day it is? — Ξέρεις τι μέρα είναι;
18. No, I do not know. What day is it? — Όχι, δε ξέρω. Τι μέρα είναι;
26. It is the Greek Independence Day. — Είναι η Εθνική Εορτή της Ελλάδας.
27. Thank you for telling me. — Ευχαριστώ που μου το είπες.

Lesson 41

Getting an airline ticket - Αγοράζοντας ένα αεροπορικό εισιτήριο

air line ticket	το αεροπορικό εισιτήριο
June	ο Ιούνιος
Greece	η Ελλάδα
I pay	πληρώνω
date	η ημερομηνία
how much?	πόσο;
ticket	το εισιτήριο
credit card	η πιστωτική κάρτα
check	το τσεκ
money order	η χρηματική επιταγή
round trip	αλερετούρ

1.	I would like to have a ticket.	Θέλω να πάρω (να αγοράσω) ένα αεροπορικό εισιτήριο.
2.	To where?	Για πού;
3.	For Greece.	Για την Ελλάδα.
4.	For when?	Για πότε;
5.	For June.	Για τον Ιούνιο.
6.	What date?	Ποια ημερομηνία;
7.	For the 30th.	Για τις τριάντα.
8.	One way ticket?	Για πηγεμό μόνο;
9.	No, round trip ticket.	Όχι, αλερετούρ.
10.	How much is it?	Πόσο κάνει;
11.	Eight hundred dollars.	Οχτακόσια δολλάρια.
12.	Will you pay now?	Θα πληρώσετε τώρα;
13.	Yes.	Μάλιστα.
14.	How?	Πώς;
15.	By check?	Με τσεκ;
	Personal check?	Προσωπική επιταγή;
16.	No, by credit card.	Όχι, με πιστωτική κάρτα.
17.	May I have your credit card?	Μπορώ να έχω την κάρτα σας;
18.	Yes, here it is.	Μάλιστα, ορίστε.
19.	Please, sign here.	Παρακαλώ, υπογράψετε εδώ.
20.	Thank you.	Ευχαριστώ.
21.	You are welcome.	Τίποτα.

Lesson 42

At the hotel - Στο ξενοδοχείο:

hotel	το ξενοδοχείο	key	το κλειδί
room	το δωμάτιο	view	η θέα
bed	το κρεβάτι	of course	βέβαια, βεβαίως
each	κάθε	swimming pool	η πισίνα
how many?	πόσα;	width	το πλάτος
floor	το πάτωμα	nice	καλός, ωραίος
each room	κάθε δωμάτιο	foot	το πόδι
I need	χρειάζομαι	depth	το βάθος
air-conditioned	ο κλιματισμός	length	το μάκρος
meter	το μέτρο	to, until	μέχρι

Dialogue - Διάλογος

1.	Do you have rooms?	Έχετε δωμάτια;
2.	Yes, we do have rooms.	Μάλιστα, έχομε δωμάτια.
3.	How many rooms do you need?	Πόσα δωμάτια χρειάζεστε;
4.	I need two rooms.	Χρειάζομαι δυο δωμάτια.
5.	How many beds?	Πόσα κρεβάτια;
6.	Four beds.	Τέσσερα κρεβάτια.
7.	Two beds in each room.	Δυο κρεβάτια στο κάθε δωμάτιο.
8.	How much is each room?	Πόσο κάνει το κάθε δωμάτιο;
9.	Each room is ten thousand drachmas.	Κάθε δωμάτιο κάνει δέκα χιλιάδες δραχμές.
10.	What floor are the rooms?	Σε ποιο πάτωμα είναι τα δωμάτια;
11.	They are on the ninth floor.	Είναι στο ένατο πάτωμα.
12.	Are they nice rooms?	Είναι ωραία δωμάτια;
13.	Very nice.	Πολύ ωραία.
14.	Do they have a good view?	Έχουν καλή θέα;
15.	They have a view to the sea.	Έχουν θέα προς τη θάλασσα.
16.	Are they air-conditioned?	Έχουν κλιματισμό;
17.	Of course.	Βεβαίως (βέβαια).
18.	Is there a swimming pool?	Υπάρχει πισίνα;
19.	Yes, there is one.	Μάλιστα, υπάρχει μια πισίνα.
20.	Is it big?	Είναι μεγάλη;

21.	Very big.	Πολύ μεγάλη.
22.	How big?	Πόσο μεγάλη;
23.	Thirty meters long.	Τριάντα μέτρα μάκρος.
24.	How wide?	Πόσο πλάτος;
25.	Twenty meters wide.	Είκοσι μέτρα πλάτος.
26.	How deep?	Πόσο βάθος;
27.	From one meter to six meters.	Από ένα μέτρο μέχρι έξι.
28.	How much is each room?	Πόσο κάνει το κάθε δωμάτιο;
29.	Ten thousand drachmas per night.	Δέκα χιλιάδες δραχμές το βράδυ.
30.	Is breakfast and dinner included in this price?	Σ' αυτή τη τιμή περιλαμβάνεται το πρόγευμα και το δείπνο;
31.	Only the breakfast.	Μόνο το πρόγευμα.
32.	May I have the room keys?	Μπορώ να έχω τα κλειδιά;
33.	Here are the keys.	Ορίστε τα κλειδιά.
34.	Thank you.	Ευχαριστώ.

Lesson 43

Eating at a restaurant - Στο εστιατόριο:

menu	το μενού, ο κατάλογος	meat balls	οι κεφτέδες
cheese	το τυρί	mousaka	ο μουσακάς
sause	η σάλτσα	tomato	η τομάτα
macaroni	τα μακαρόνια	salad	η σαλάτα
chicken	το κοτόπουλο	cucumber	το αγγούρι
fried	τηγανιτό	soup	η σούπα
shiskebab	το σουβλάκι	chicken soup with egg and lemon -	
pita bread	η πίτα	σούπα αυγολέμονο	
lamb	το αρνί	knife	το μαχαίρι
rice	το ρύζι	spoon	το κουτάλι
pilaf	ρύζι πιλάφι	fork	το πιρούνι
fish	το ψάρι	napkin	η πετσέτα
hamburger	το μπιφτέκι	oil	το λάδι
steak	μοσχαρίσια μπριζόλα	vinegar	το ξύδι
potato	η πατάτα	salt	το αλάτι
pastichio	το παστίτσιο	pepper	το πιπέρι

The verb I eat - τρώγω

I eat	τρώγω	I was eating	έτρωγα
you eat	τρώγεις	you were eating	έτρωγες
he, she, it eats	τρώγει *or* τρώει	he, she was eating	έτρωγε
we eat	τρώγομε *or* τρώμε	we were eating	τρώγαμε
you eat	τρώγετε *or* τρώτε	you were eating	τρώγατε
they eat	τρώγουν *or* τρώνε	they were eating	έτρωγαν

I ate	έφαγα	I will eat	θα φάω
you ate	έφαγες	you will eat	θα φας
he, she ate	έφαγε	he will eat	θα φάει
we ate	φάγαμε	we will eat	θα φάμε
you ate	φάγατε	you will eat	θα φάτε
they ate	έφαγαν	they will eat	θα φάνε

Dialogue - Διάλογος

At a Restaurant

1.	What do you have?	Τι έχετε;
2.	May I have the menu?	Μπορώ να έχω το μενού;
3.	What is the special for today?	Ποιο είναι το σπέσιαλ σήμερα;
4.	I want macaroni with cheese and sause.	Θέλω μακαρόνια με τυρί και σάλτσα.
5.	Do you have chicken?	Έχετε κοτόπουλο;
6.	Do you have fried chicken?	Έχετε τηγανιτό κοτόπουλο;
7.	Do you have shiskebab?	Έχετε σουβλάκι;
8.	I want shiskabob in a piece of pita.	Θέλω σουβλάκι με πίτα.
9.	I want roasted lamb with potatoes.	Θέλω αρνάκι του φούρνου με πατάτες.
10.	I want some rice pilaf.	Θέλω λίγο ρύζι (πιλάφι).
11.	I want two porkchops.	Θέλω δυο μπριζόλες.
12.	We want fish.	Θέλομε ψάρι.
13.	He wants a hamburger.	Θέλει ένα μπιφτέκι.
14.	She wants a steak.	Θέλει μπριζόλα μοσχαρίσια.
15.	They want fried potatoes.	Θέλουν τηγανιτές πατάτες.
16.	They want pastichio.	Θέλουν παστίτσιο.
17.	Do you have meat balls?	Έχετε κεφτέδες;
18.	Do you have mousaka?	Εχετε μουσακά;
19.	I want a salad with tomatoes and cucumber.	Θέλω μια σαλάτα με τομάτα και αγγούρι.
20.	I like to have some soup.	Θα ήθελα λίγη σούπα.
21.	Do you like egg and lemon chicken soup?	Θέλετε σούπα αυγολέμονο;
22.	I do not have a knife, spoon or fork.	Δεν έχω μαχαίρι, κουτάλι ή πιρούνι.
23.	I need a napkin.	Χρειάζομαι μια πετσέτα.
24.	May I have the salt and pepper, please?	Μπορώ να έχω το αλάτι και το πιπέρι, παρακαλώ;
25.	Where is the oil and the vinegar?	Πού είναι το λάδι και το ξύδι;
26.	May we have some water?	Μπορούμε να έχουμε λίγο νερό;
27.	Would you like cold water?	Θέλετε κρύο νερό;
28.	Yes, we prefer cold water.	Μάλιστα, προτιμούμε κρύο νερό.
29.	What else, please?	Τι άλλο παρακαλώ;
30.	Nothing else, thank you.	Τίποτε άλλο. Ευχαριστώ.

Quiz No. 9

Translate the following into Greek:

1. Now it is

January,	February,		December,	October,
April,	June,		August,	July

2. What month is it now? What is the date?
   What year is it now?

Today	Yesterday	On Christmas Day
On New Year's Day	On your name day	On the 3rd of the month

3. I need   4. Of course   5. swimming pool
6. every room   7. every hotel   8. every bed

9. first floor   second floor   third floor   fourth floor
   fifth floor   sixth floor   seventh floor   eighth floor
   ninth floor   tenth floor

10. ten floors   twenty floors   thirty three floors
11. a nice view   a view to the sea

12. a big swimming pool   a big room   big rooms
    a nice room   clean rooms
13. the key   the keys   How many keys?   Three keys.
14. the restaurant   soup   warm soup   cold soup
    a spoon   a fork   fork and spoon   knife
    a small knife   a big knife   a butter knife

15. May I have a napkin, please?   May I have a fork, please?
    May we have a clean tablecloth?

16. Do you have soup?   Do you have chicken?
    Do you have roasted chicken?   Do you have fried chicken?
    Do you have fish?

17. We ate.   We are eating.   He is not eating.
    Do you eat?   What are you eating?   Did you eat?.
    I will eat.   They will not eat.   John is not eating.

(For the translation go to page 103)

Lesson 44

At the Market - Στην αγορά

vegetables	τα λαχανικά	potato	η πατάτα
lettuce	το μαρούλι	okra	η μπάμια
foodstuff	τα τρόφιμα	eggplant	η μελιτζάνα
celery	το σέλινο	cabbage	το λάχανο
cucumber	το αγγούρι	greens	τα χόρτα
radish	το ρεπάνι	mushrooms	τα μανιτάρια
onion	το κρεμμύδι	artichokes	οι αγκινάρες

1. Shall we go to the market? — Πάμε στην αγορά;
2. What are we going to do at the market? — Τι θα κάμομε στην αγορά;
3. We will do some shopping. — Θα ψωνίσομε.
4. What are we going to buy? — Τι θα αγοράσουμε;
5. Foodstuff. — Τρόφιμα.
6. Then, let us go. — Τότε, πάμε.
7. We need some vegetables. — Χρειαζόμαστε μερικά λαχανικά.
8. Two heads of lettuce. — Δυο μαρούλια.
9. One stalk of celery. — Ένα σέλινο.
10. Four cucumbers. — Τέσσερα αγγούρια.
11. Some radishes. — Μερικά ρεπανάκια (ρεπάνια).
12. One kilo of onions. — Ένα κιλό κρεμμύδια.
13. Five kilos of potatoes. — Πέντε κιλά πατάτες.
14. One kilo of okra. — Ένα κιλό μπάμιες.
15. Two eggplants. — Δυο μελιτζάνες.
16. Two kilos of tomatoes. — Δυο κιλά τομάτες.
17. One head of cabbage. — Ένα λάχανο.
18. Some greens. — Μερικά χόρτα.
19. Some mushrooms. — Λίγα μανιτάρια.
20. A few artichokes. — Λίγες αγκινάρες.
21. Some flour. — Λίγο αλεύρι.
22. Rice. — Ρύζι.
23. Feta cheese. — Τυρί φέτα.
24. Yogurt. — Γιαούρτι.
25. Some macaroni. — Λίγα μακαρόνια.
26. Different meats. — Διάφορα κρέατα.
27. Wine and beer. — Κρασί και μπύρα.

Dialogue - Διάλογος

1.	Do you have vegetables?	Έχετε λαχανικά;
2.	Yes, we have.	Μάλιστα, έχουμε.
3.	Are they fresh?	Είναι φρέσκα;
4.	Yes, very fresh.	Μάλιστα, φρεσκότατα.
5.	When did you get them?	Πότε τα πήρατε;
6.	This morning.	Αυτό το πρωί.
7.	They came straight from the garden.	Ήρθαν κατ 'ευθεία από τον κήπο.
8.	How much is the lettuce?	Πόσο κάνει το μαρούλι;
9.	Hundred drachmas per bunch.	Εκατό δραχμές το μάτσο.
10.	May I have two bunches?	Μπορώ να έχω δύο μάτσα;
11.	Of course. What else?	Βέβαια. Τι άλλο;
12.	I want some cucumbers.	Θέλω και μερικά αγγούρια.
13.	How many cucumbers	Πόσα αγγούρια;
14.	How do you sell them, by the kilo or by the piece.	Πώς τα πουλάτε με το κιλό ή με το κομμάτι;
15.	We sell them by the kilo.	Τα πουλάμε με το κιλό.
16.	I want one kilo.	Θέλω ένα κιλό.
17.	Anything else?	Τίποτε άλλο;
18.	I want two kilos of tomatoes.	Θέλω και δυο κιλά τομάτες.
19.	Are they ripe?	Είναι ώριμες;
20.	Ripe and red.	Ώριμες και κόκκινες.
21.	Very well.	Πολύ καλά.
22.	Well, we have the tomatoes too.	Λοιπόν, έχομε και τις τομάτες.
23.	Do you want some potatoes and onions?	Θέλετε μερικές πατάτες και κρεμμύδια;
24.	No, thank you.	Όχι, ευχαριστώ.
25.	Now we go to the pulse.	Τώρα πάμε στα όσπρια.
26.	We need some beans.	Χρειαζόμαστε λίγα φασόλια.
27.	About how much?	Πόσα περίπου;
28.	Only one kilo.	Μόνο ένα κιλό.
29.	And some lentils.	Και λίγες φακές.
30.	One kilo of lentils?	Ένα κιλό φακές;
31.	Yes, one kilo is enough.	Μάλιστα, ένα κιλό είναι αρκετό.
32.	Anything else?	Τίποτε άλλο;
33.	No, thank you.	Όχι, ευχαριστώ.

Lesson 45
Fruit - Τα φρούτα

banana	η μπανάνα	apricot	το βερύκοκο
orange	το πορτοκάλι	cherry	το κεράσι
tangerine	το μανταρίνι	grapes	τα σταφύλια
watermelon	το καρπούζι	lemon	το λεμόνι
cantaloupe	το πεπόνι	apple	το μήλο
strawberry	η φράουλα	pear	το απίδι, το αχλάδι
peach	το ροδάκινο	prune	το δαμάσκηνο
walnut	το καρύδι	almond	το αμύγδαλο

1.	Now let us buy some fruit.	Ας αγοράσουμε τώρα μερικά φρούτα.
2.	Three kilos of bananas.	Τρία κιλά μπανάνες.
3.	Ten oranges.	Δέκα πορτοκάλια.
4.	A dozen of tangerines.	Μια δωδεκάδα μανταρίνια.
5.	One watermelon.	Ένα καρπούζι.
6.	Two cantaloupes.	Δυο πεπόνια.
7.	A box of strawberries.	Ένα κουτί φράουλες.
8.	Two kilos of peaches.	Δυο κιλά ροδάκινα.
9.	Some apricots.	Λίγα βερύκοκα.
10.	One kilo of cherries.	Ένα κιλό κεράσια.
11.	One kilo of white grapes.	Ένα κιλό άσπρα σταφύλια.
12.	And one kilo of black grapes.	Και ένα κιλό μαύρα σταφύλια.
13.	One kilo of red grapes.	Ένα κιλό κόκκινα σταφύλια.
14.	A dozen of lemons.	Μια δωδεκάδα λεμόνια.
15.	Five kilos of yellow, green and red apples.	Πέντα κιλά κίτρινα, πράσινα και κόκκινα μήλα.
16.	Some pears.	Μερικά αχλάδια (απίδια).
17.	Three grapefruit.	Τρία γκρέιπφρουτ.
18.	Some prunes.	Μερικά δαμάσκηνα.
19.	Walnuts.	Καρύδια.
20.	Almonds.	Αμύγδαλα.
21.	Half a kilo peanuts.	Μισό κιλό φυστίκια.
22.	Two kilos of almonds.	Δυο κιλά αμύγδαλα.

Lesson 46

At the grocery - Στο μπακάλικο

rice	το ρύζι	cinnamon	η κανέλα
sugar	η ζάχαρη	dill	το άνηθο
flour	το αλεύρι	oregano	η ρίγανη
salt	το αλάτι	coffee	ο καφές
pepper	το πιπέρι	cheese	το τυρί
yogurt	το γιαούρτι	tea	το τσάι

1. A kilo of rice.   Ένα κιλό ρύζι.
2. Two kilos of sugar.   Δυο κιλά ζάχαρη.
3. Some flour.   Λίγο αλεύρι.
4. A box of salt.   Ένα κουτί αλάτι.
5. Some pepper.   Λίγο πιπέρι.
6. Some cinnamon.   Λίγη κανέλα.
7. Some dill.   Λίγο άνηθο.
8. Some oregano.   Λίγη ρίγανη.
9. One kilo of coffee.   Ένα κιλό καφέ.
10. Some cheese.   Λίγο τυρί.
11. One kilo yogurt.   Ένα κιλό γιαούρτι.
12. One box of tea.   Ένα κουτί τσάι.
13. Orange drinks.   Πορτοκαλάδες.
14. Orange juice.   Πορτοκαλάδα.
15. Lemonade.   Λεμονάδα.
16. Biscuits.   Μπισκότα.
17. Chocolates.   Σοκολάτες.
18. Matches.   Σπίρτα.

Lesson 47

We will buy meat - Θα αγοράσουμε κρέας

beef	το βωδινό κρέας	liver	το σηκώτι
ground meat	ο κιμάς	veal	το βιδέλο
beef steak	η μοσχαρίσια μπριζόλα	meat	το κρέας
chicken	η κότα, το κοτόπουλο	sausage	το λουκάνικο
pork	το χοιρινό κρέας	ham	το ζαμπόν
pork chops	χοιρινές μπριζόλες	turkey	η γαλοπούλα
hare	ο λαγός	rabbit	το κουνέλι
lamb	το αρνί, το αρνάκι		

1. I want a kilo of beef. — Θέλω ένα κιλό βωδινό κρέας.
2. We want a kilo of pork chops. — Θέλομε ένα κιλό μπριζόλες.
3. Are we going to buy some chicken too? — Θα αγοράσουμε και κότα;
4. We need some sausage. — Χρειαζόμαστε λίγα λουκάνικα.
5. Do you like liver? — Σας αρέσει το σηκώτι;
6. No, I do not like liver. — 'Οχι, δε μου αρέσει το σηκώτι.
7. What do you like? — Τι σου αρέσει;
8. I like other kinds of meat. — Μου αρέσουν άλλα είδη κρέας (κρέατος)
9. Ground meat? — Κιμάς;
10. Yes, I like ground beef. — Ναι, μου αρέσει κιμάς από βωδινό.
11. I want a kilo of ground meat. — Θέλω ένα κιλό βωδινό κιμά.
12. I want a kilo of lamb. — Θέλω ένα κιλό αρνί.
13. I want some meat for soup. — Θέλω λίγο κρέας για σούπα.
14. Do you have rabbit meat? — 'Εχετε κουνέλι;
15. Do you have veal? — 'Εχετε βιδέλο;
16. How much is a kilo of beef? — Πόσο κάνει ένα κιλό βωδινό;
17. How much are the pork chops? — Πόσο κάνουν οι μπριζόλες;
18. How much is the lamb? — Πόσο κάνει το αρνάκι;
19. How much is the chicken? — Πόσο κάνει το κοτόπουλο;

Lesson 48

The verb I am - Είμαι (review)

I am	είμαι
you are	είσαι
he is	είναι
she is	είναι
it is	είναι
we are	είμαστε
you are	είστε
they are	είναι

man, husband	ο άντρας
my husband	ο άντρας μου
woman	η γυναίκα
wife	η γυναίκα
my wife	η γυναίκα μου
husbands and wives	άντρες και γυναίκες
boy	το αγόρι
girl	το κορίτσι
brother	ο αδελφός
sister	η αδελφή
boys and girls	αγόρια και κορίτσια
brothers and sisters	αδέλφια και αδελφές
our brothers	τα αδέλφια μας
our sisters	οι αδελφές μας
child	το παιδί
children	τα παιδιά
our children	τα παιδιά μας
a family	μια οικογένεια
our family	η οικογένειά μας
grandfather	ο παππούς
grandmother	η γιαγιά
uncle	ο θείος
aunt	η θεία
cousin	ο ξάδελφος
cousin	η ξαδέλφη

1.	I am a man.	Είμαι ένας άντρας.
2.	John is my brother.	Ο Γιάννης είναι ο αδελφός μου.
3.	Maria is my sister.	Η Μαρία είναι η αδελφή μου.
4.	Helen is a woman.	Η Ελένη είναι μια γυναίκα.
5.	Sofia is my wife.	Η Σοφία είναι η γυναίκα μου.
6.	Andrew is my son.	Ο Ανδρέας είναι γιος μου.
7.	George is my relative.	Ο Γιώργος είναι συγγενής μου.
8.	Stacy is a girl.	Η Αναστασία είναι ένα κορίτσι.
9.	Irene is my grandmother.	Η Ειρήνη είναι η γιαγιά μου.
10.	Steve is my grandfather.	Ο Σταύρος είναι ο παππούς μου.
11.	Eva is my mother.	Η Εύα είναι η μητέρα μου.
12.	Michael is my father.	Ο Μιχάλης είναι ο πατέρας μου.
13.	Costas is a friend of mine.	Ο Κώστας είναι ένας φίλος μου.
14.	We are relatives.	Εμείς είμαστε συγγενείς.
15.	You are my friends.	Εσείς είστε οι φίλοι μου.
16.	Our family is large.	Η οικογένειά μας είναι μεγάλη.
17.	My grandfather is 90 years old.	Ο παππούς μου είναι ενενήντα χρονών.
18.	My grandmother is 80 years old.	Η γιαγιά μου είναι ογδόντα χρονών.
19.	My children are grown.	Τα παιδιά μου είναι μεγάλα.
20.	I have many cousins.	Έχω πολλά ξαδέλφια.

Lesson 49

I read - Διαβάζω

Present tense		Past Simple tense	
I read	διαβάζω	I read	διάβασα
you read	διαβάζεις	you read	διάβασες
he, she, it reads	διαβάζει	he, she read	διάβασε
we read	διαβάζουμε	we read	διαβάσαμε
you read	διαβάζετε	you read	διαβάσατε
they read	διαβάζουν	they read	διάβασαν

newspaper	η εφημερίδα	dictionary	το λεξικό
book	το βιβλίο	lexicon	το λεξικό
novel	το μυθιστόρημα	periodical	το περιοδικό
magazine	το περιοδικό	story	η ιστορία
history	η ιστορία	article	το άρθρο
geography	η γεωγραφία	geometry	η γεωμετρία
physics	η φυσική	trigonometry	η τριγωνομετρία
biology	η βιολογία	zoology	η ζωολογία
poetry	η ποίηση	anthology	η ανθολογία
psychology	η ψυχολογία	mathematics	τα μαθηματικά

1. I would like to have the morning paper. Do you have it?

   Θα ήθελα την πρωινή εφημερίδα. Την έχετε;

2. Yes, we have it.

   Μάλιστα, την έχουμε.

3. How much is it?

   Πόσο κάνει;

4. One hundred drachmas.

   Εκατό δραχμές.

5. I want an English magazine also.

   Θέλω και ένα αγγλικό περιοδικό.

6. I am sorry, we do not have now English magazines.

   Λυπούμαι, αλλά τώρα δεν έχουμε αγγλικά περιοδικά.

7. Do you usually have English magazines?

   Έχετε συνήθως αγγλικά περιοδικά;

8. Of course we have. They come three times a week. We expect them this afternnon.

   Βεβαίως, έχουμε. Έρχονται τρεις φορές την εβδομάδα. Τα περιμένουμε σήμερα το απόγευμα.

9. What other magazines do you have? My daughter reads French magazines.

   Τι άλλα περιοδικά έχετε; Η κόρη μου διαβάζει γαλλικά περιοδικά.

10.	We have French magazines.	Έχουμε γαλλικά περιοδικά.
	They came this morning.	Ήρθαν σήμερα το πρωί.
	Do you like to see them;	Θέλετε να τα δείτε;
11.	No, but give me one, anyone.	Όχι, αλλά δώστε μου ένα οποιοδήποτε.
12.	Here. Do you want anything else?	Ορίστε. Θέλετε τίποτε άλλο;
13.	No, thank you. I read German magazines.	Όχι, ευχαριστώ. Εγώ διαβάζω γερμανικά περιοδικά.
14.	I need a book on Greece.	Χρειάζομαι ένα βιβλίο για την Ελλάδα.
15.	This is a nice book about Greece.	Αυτό είναι ένα ωραίο βιβλίο για την Ελλάδα.
16.	Do you like poetry?	Σας αρέσει η ποίηση;
17.	Do you read poems?	Διαβάζετε ποιήματα;
18.	I like to read the history of Greece.	Μου αρέσει να διαβάζω την ιστορία της Ελλάδας.
19.	Do you have an English-Greek and Greek-English dictionary?	Έχετε αγγλο-ελληνικό και ελληνο-αγγλικό λεξικό;
20.	Yes, we have.	Μάλιστα έχομε.
21.	Do you need one?	Χρειάζεστε ένα;
22.	We also have Greek-French and French-Greek dictionaries.	Έχομε επίσης ελληνο-γαλλικά και γαλλο-ελληνικά λεξικά.
23.	I like geography.	Μου αρέσει η γεωγραφία.
24.	I do not like mathematics.	Δε μου αρέσουν τα μαθηματικά.
25.	Do you read newspapers?	Διαβάζετε εφημερίδες;
26.	Yes, everyday I read the morning paper.	Μάλιστα, κάθε μέρα διαβάζω την πρωινή εφημερίδα.
27.	Do you read novels?	Διαβάζετε μυθιστορήματα;
28.	Yes, I do read novels.	Μάλιστα, διαβάζω μυθιστορήματα.
29.	Have you read any of Kazantzakis novels?	Έχετε διαβάσει κανένα μυθιστόρημα του Καζαντζάκη;
30.	Yes, I have.	Μάλιστα, έχω.
31.	What novel?	Ποιο μυθιστόρημα;
32.	I have read "Christ Recrucified" "The Last Temptation" and "Zorba".	Έχω διαβάσει το: "Ο Χριστός Ξανασταυρώνεται", "Ο Τελευταίος Πειρασμός" και τον "Ζορμπά".
33.	Do you like to read?	Σας αρέσει να διαβάζετε;
34.	I like it very much.	Μου αρέσει πάρα πολύ.

Lesson 50

The house - το σπίτι, η οικία

single family house	η μονοκατοικία	room	το δωμάτιο
apartment house	η πολυκατοικία	hall	ο διάδρομος
apartment	το διαμέρισμα	living room	η σάλα
floor	το πάτωμα	dining room	η τραπεζαρία
floors	τα πατώματα	kitchen	η κουζίνα
street	ο δρόμος, η οδός	yard	η αυλή
family room	το καθιστικό	garden	ο κήπος
wall	ο τοίχος	stairs, staircase	η σκάλα
office	το γραφείο	step, stair	το σκαλί
basement	το υπόγειο	door	η πόρτα
window	το παράθυρο	grass	το χορτάρι
bathroom	το μπάνιο, η τουαλέτα,		το γρασίδι
	το λουτρό		

1. Where do you live? — Πού ζεις;
2. I live in an apartment. — Ζω σε ένα διαμέρισμα.
3. Is the apartment big? — Είναι το διαμέρισμα μεγάλο;
4. Not very big. — Όχι πολύ μεγάλο.
5. Where is the apartment? — Πού είναι το διαμέρισμα;
6. In an apartment house. — Σε μια πολυκατοικία.
7. Where is the apartment house? — Πού είναι η πολυκατοικία;
8. It is in the suburbs. — Είναι στα προάστεια.
9. How many rooms has your apartment? — Πόσα δωμάτια έχει το διαμέρισμά σας;
10. It has five rooms. — Έχει πέντε δωμάτια.
11. You sir, where do you live? — Εσείς κύριε, πού ζείτε;
12. I live in a house. — Ζω σε ένα σπίτι.
13. Is the house yours? — Είναι το σπίτι δικό σας;
14. Yes, it is my own house. — Ναι, είναι το δικό μου σπίτι.
15. Where is the house? — Πού είναι το σπίτι;
16. The house is in the suburbs. — Το σπίτι είναι στα προάστεια.
17. Is it a big house? — Είναι μεγάλο το σπίτι;
18. Yes, it is a big house. — Μάλιστα, είναι μεγάλο σπίτι.
19. How many rooms does it have? — Πόσα δωμάτια έχει;
20. It has many rooms. — Έχει πολλά δωμάτια.

21.	What rooms does it have?	Τι δωμάτια έχει;
22.	It has three bedrooms.	Έχει τρείς κρεβατοκάμαρες.
23.	What other rooms does it have?	Τι άλλα δωμάτια έχει;
24.	It has a living room, a dining room a family room, a kitchen, a hall two bathrooms and a basement.	Έχει μια σάλα, μια τραπεζαρία, ένα καθιστικό, μια κουζίνα, ένα χωλλ δυο μπάνια (λουτρά) και ένα υπόγειο.
25.	Does it have a garage?	Έχει και γκαράζ;
26.	Yes, it has a garage for two cars.	Μάλιστα, έχει γκαράζ για δυο αυτοκίνητα.
27.	Does it have a yard?	Έχει αυλή;
28.	Yes, it has a big yard.	Μάλιστα έχει μια μεγάλη αυλή.
29.	How is the yard?	Πώς είναι η αυλή;
30.	The yard is covered with grass. and has some trees.	Η αυλή είναι σκεπασμένη με χορτάρι και έχει μερικά δέντρα.
31.	What kind of trees?	Τι είδος δέντρα;
32.	An apple tree, an apricot tree, a peach tree, a cherry tree and a pear tree.	Μια μηλιά, μια βερυκοκιά, μια ροδακινιά, μια κερασιά, και μια αχλαδιά.
33.	Do the trees bear fruit?	Κάνουν φρούτα τα δέντρα;
34.	Of course they do.	Βέβαια κάνουν.
35.	I think you have a very nice and beautiful house.	Νομίζω πώς έχετε ένα πολύ καλό και ωραίο σπίτι.
36.	You are right.	Έχετε δίκαιο.
37.	Our house is beautiful and comfortable.	Το σπίτι μας είναι όμορφο και αναπαυτικό.

QUIZ NO. 10

Translate the following into Greek. (You will find the correct answers on the tape).

1.   cheese   chicken   lamb   potato
        fish   salad   tomato   cucumber
        napkin   salt   pepper   knife

2.   I eat   you eat   they eat   I was eating
        they were eating   they ate   you ate   she eats

3.   I want some chicken.   He wants two porkchops.
        May I have a glass of cold beer?   Do you prefer Greek or American coffee?
        I wish to have some soup.   I do not have a fork or a spoon.
        I want some fried potatoes.   She wants a Greek salad.

4.   Nice fruit   delicious fruit   sweet grapes   large apples
        fresh peaches   very sweet cherries   sweet cantaloupe   red watermelon

5.   I need a kilo of rice.   Give me two kilos of sugar.
        We want one kilo of coffee.   She wants a kilo of yogurt.
        We need some cheese.   And a box of tea.

6.   beef   pork   ham   lamb   ground meat   liver   veal   turkey
        one kilo of beef   How much does it cost?
        One kilo of pork   How much does it cost?
        One kilo of ham   How much does it cost?

7.   I am a man.   I have two sons.   This is my wife.
        Her name is Irene.   This is my brother.   His name is John.
        This is my sister.   Her name is Niki.   Men and women.
        Boys and girls.   Brothers and sisters.   This is my family.

8.   A dictionary   A lexicon.   The newspapaer.
        I read the newspaper. I have many magazines.   I read them.
        I like history.   I read many books.
        I can read English, French, German, and Greek.

9.   A street.   An apartment house.   An apartment.
        Ten floors.   This apartment house has twelve floors.
        This house has ten rooms.   This is my room.

(For the translation of the above sentences see page 104, 105)

Lesson 51

Languages - Γλώσσες:

I know	ξέρω	I speak	μιλώ or μιλάω
you know	ξέρεις	you speak	μιλάς
he, she knows	ξέρει	he, she speaks	μιλά or μιλάει
we know	ξέρουμε	we speak	μιλούμε or μιλάμε
you know	ξέρετε	you speak	μιλάτε
they know	ξέρουν	they speak	μιλούν or μιλάνε

language	η γλώσσα	Italian	ιταλικά
English	αγγλικά	Russian	ρωσσικά
Greek	ελληνικά	Chinese	κινέζικα
French	γαλλικά	Japanese	ιαπωνικά
German	γερμανικά	I teach	διδάσκω
Spanish	ισπανικά	I am taught	διδάσκομαι

1. I speak Greek. — Εγώ μιλάω ελληνικά.
2. I know Greek. — Εγώ ξέρω ελληνικά.
3. Do YOU know Greek? — Εσείς, ξέρετε ελληνικά;
4. No, I do not know Greek. — 'Οχι, εγώ δεν ξέρω ελληνικά.
5. I try to learn Greek. — Προσπαθώ να μάθω ελληνικά.
6. Do you know other languages? — Ξέρετε άλλες γλώσσες;
7. I know English. — Ξέρω αγγλικά.
8. Do you know German? — Γερμανικά, ξέρετε;
9. No, I do not know German. — 'Οχι, δεν ξέρω γερμανικά.
10. Do you wish to learn German? — Επιθυμείτε να μάθετε γερμανικά;
11. Not at the present time. — 'Οχι, ως προς το παρόν.
12. Why? — Γιατί;
13. Because German is difficult. — Γιατί τα γερμανικά είναι δύσκολα.
14. What do you think about French? — Τι νομίζετε για τα γαλλικά;
15. French is a beautiful language but I do not have time to study. — Τα γαλλικά είναι ωραία γλώσσα αλλά δεν έχω καιρό να μελετήσω.
16. My friend knows French. — Ο φίλος μου ξέρει γαλλικά.
17. Is he French? — Είναι Γάλλος;

18.	No, he is not French, but he likes French.	Ὄχι, δεν εἶναι Γάλλος, ἀλλά του ἀρέσουν τα γαλλικά.
19.	Where did he learn French?	Ποῦ ἔμαθε γαλλικά;
20.	At the school.	Στο σχολεῖο.
21.	What school?	Ποιο σχολεῖο;
22.	At the university.	Στο πανεπιστήμιο.
23.	Did he go to the university?	Πῆγε στο πανεπιστήμιο;
24.	Yes, he went.	Μάλιστα, πῆγε.
25.	How many years?	Πόσα χρόνια;
26.	Four years.	Τέσσερα χρόνια.
27.	Did he learn other languages?	Ἔμαθε ἄλλες γλῶσσες;
28.	No, he did not learn.	Ὄχι, δεν ἔμαθε.
29.	Do you know what other languages are taught at the university?	Ξέρετε ποιες ἄλλες γλῶσσες διδάσκονται στο πανεπιστήμιο;
30.	Yes, I know.	Μάλιστα ξέρω.
31.	What languages?	Ποιες γλῶσσες;
32.	Italian, Russian, Spanish, Arabic, Chinese, Japanese.	Ιταλικά, Ρωσσικά, Ισπανικά, Αραβικά, Κινέζικα, Ιαπωνικά.
33.	Thank you very much for the information.	Ευχαριστῶ πολύ για τις πληροφορίες.
34.	Don't mention it.	Παρακαλῶ.
35.	Do you like Greek?	Τα ελληνικά σας αρέσουν;
36.	Yes, I do like Greek. It is a nice language.	Μάλιστα, μου αρέσουν. Εἶναι ωραία γλῶσσα.
37.	How long have you been studying Greek?	Πόσο καιρό μελετάτε ελληνικά;
38.	Two years.	Δυο χρόνια.
39.	Do you have a private teacher?	Ἔχετε ιδιαίτερο δάσκαλο;
40.	Sometimes. I usually go to school.	Κάποτε. Συνήθως πηγαίνω στο σχολεῖο.
41.	What school?	Τι σχολεῖο;
42.	Night school.	Νυχτερινό σχολεῖο.
43.	When?	Πότε;
44.	Every Wednesday night.	Κάθε Τετάρτη βράδι.
45.	How many hours?	Πόσες ὥρες;
46.	Two hours.	Δυο ὥρες.

Lesson 52

Talking about the weather - Μιλάμε για τον καιρό:

the weather	ο καιρός	the sky	ο ουρανός
the sun	ο ήλιος	rainy	βροχερός
the wind	ο αέρας	cold	κρύος
the cold	το κρύο	bad	άσχημος
the heat	η ζέστη	clear	καθαρός
the humidity	η υγρασία	warm	ζεστός
the temperature	η θερμοκρασία	blue	γαλανός
the degree	ο βαθμός	the cloud	το σύννεφο

1. How is the weather today? — Πώς είναι ο καιρός σήμερα;
2. The weather is good. — Ο καιρός είναι καλός.
3. The weather is rainy. — Ο καιρός είναι βροχερός.
4. The weather is cold. — Ο καιρός είναι κρύος.
5. The weather is warm. — Ο καιρός είναι ζεστός.
6. The weather is bad. — Ο καιρός είναι άσχημος.

7. How is the sky? — Πώς είναι ο ουρανός;
8. The sky is clear. — Ο ουρανός είναι καθαρός.
9. The sky is cloudy. — Ο ουρανός είναι συννεφιασμένος.
10. The sky is blue. — Ο ουρανός είναι γαλανός.
11. The sky is beautiful. — Ο ουρανός είναι ωραίος.
12. The sky is black. — Ο ουρανός είναι μαύρος.

13. What is the temperature? — Πόση είναι η θερμοκρασία;
14. The temperature is 10 degrees. Celsius. — Η θερμοκρασία είναι δέκα βαθμοί Κελσίου.
15. What was yesterday? — Πόση ήταν χτες;
    Yesterday it was twenty three degrees Celsius. — Χτες ήταν είκοσι τρεις βαθμοί Κελσίου.
16. How many Fahrenheit degrees? — Πόσοι βαθμοί Φαρενάιτ;
    Seventy degrees Fahrenheit. — Εβδομήντα βαθμοί Φαρενάιτ.
17. It rains. — Βρέχει.
18. It snows. — Χιονίζει.
19. It is thundering. — Βροντά.
20. It is lightning — Αστράφτει.

Lesson 53

Means of transportation - Μέσα Συγκοινωνίας - Μεταφορικά μέσα

the car	ΤΟ αυτοκίνητο
the airplane	ΤΟ αεροπλάνο
the train	ΤΟ τρένο, ο σιδηρόδρομος
the bus	ΤΟ λεωφορείο
the steam ship	ΤΟ πλοίο, ΤΟ βαπόρι
the ocean liner	ΤΟ υπερωκεάνειο
the boat	η βάρκα
the bicycle	ΤΟ ποδήλατο
the motorcycle	η μοτοσυκλέτα, ΤΟ δίκυκλο

I travel	ταξιδεύω	we travel	ταξιδεύουμε
you travel	ταξιδεύεις	you travel	ταξιδεύετε
he, she, it travels	ταξιδεύει	they travel	ταξιδεύουν

Dialogue - Διάλογος

1. Where are you going? — Πού πηγαίνετε;
2. I am going to Greece. — Πηγαίνω στην Ελλάδα.
3. How do you travel? — Πώς ταξιδεύετε;
4. I travel by plane. — Ταξιδεύω με αεροπλάνο.
5. Do you always travel by plane? — Ταξιδεύετε πάντοτε με αεροπλάνο;
6. Yes, I always travel by plane. — Μάλιστα, πάντοτε ταξιδεύω με αεροπλάνο.
7. What places will you go to, when you arrive in Greece? — Σε ποια μέρη θα πάτε, όταν φτάσετε στην Ελλάδα;
8. First I will arrive in Athens. — Πρώτα θα φτάσω στην Αθήνα.
9. Are you going to stay long in Athens? — Θα μείνετε πολύν καιρό στην Αθήνα;
10. About one week. — Περίπου μια εβδομάδα.
11. And then? — Και ύστερα;
12. And then I will go north. — Και ύστερα θα πάω βόρεια.

12.	Where?	Πού;
13.	I will go to Salonika. How are you going?	Θα πάω στη Θεσσαλονίκη. Πώς θα πάτε;
14.	I will go either by train or by boat.	Θα πάω ή με το τρένο η με το πλοίο.
15.	Do you like to travel by train?	Σας αρέσει να ταξιδεύετε με το τρένο;
16.	I like it very much. You see so many places: towns, villages, mountains valleys, rivers, you see the country- side.	Μου αρέσει πολύ. Βλέπεις τόσα πολλά μέρη, πόλεις, χωριά, βουνά, κοιλάδες, ποταμούς, βλέπεις την εξοχή.
17.	You are right.	Έχετε δίκαιο.
18.	I like to travel by train too, when I have time. Well, are you going to go by train, plane or boat?	Κι εμένα μου αρέσει να ταξιδεύω με το τρένο, όταν έχω καιρό. Λοιπόν, θα πάτε με τρένο, με αεροπλάνο ή με πλοίο;
19.	I think this time I will go by train.	Νομίζω αυτή τη φορά θα πάω με το τρένο.
20.	Will you leave in one week? I hope so..	Θα φύγετε σε μια εβδομάδα; Το ελπίζω.
21.	Will you go to other places after Salonica;	Θα πάτε πουθενά αλλού ύστερα από τη Θεσσαλονίκη;
22.	I want to go to some islands. You know the Aegean islands are very beautiful.	Θέλω να πάω σε μερικά νησιά. Ξέρετε πως τα νησιά του Αιγαίου είναι πολύ όμορφα.
23.	Yes, I know it.	Μάλιστα, το ξέρω.
24.	How much I would like to come with you!	Πόσο θα ήθελα να έρθω μαζί σας !
25.	Why don't you come?	Γιατί δεν έρχεστε;
26.	I have neither the time nor the money.	Δεν έχω ούτε τον καιρό ούτε τα λεφτά.
27.	Some other time.	Κάποια άλλη φορά.
28.	Good luck and good trip.	Καλή τύχη και καλό ταξίδι.
29.	Thank you. Good bye.	Ευχαριστώ. Γεια σου.
30.	Good bye.	Γεια σου.

Lesson 54

Information for a trip - Πληροφορίες για ένα ταξίδι

1. I would like to go to Salonika. What time does the train leave, please?

   Θέλω να πάω στη Θεσαλονίκη. Τι ώρα φεύγει το τρένο, παρακαλώ;

2. It leaves twelve o'clock midnight.

   Φεύγει στις δώδεκα τα μεσάνυχτα.

3. How much is the fare?

   Πόσο είναι το εισιτήριο;

4. Do you want a round trip ticket?

   Θέλετε αλερετούρ εισιτήριο;

5. Yes.

   Μάλιστα.

6. The round trip ticket is twenty thousand drachmas.

   Το εισιτήριο αλερετούρ κάνει είκοσι χιλιάδες δραχμές.

7. How much in dollars?

   Πόσο κάνει σε δολλάρια;

8. About one hundred and twenty dollars.

   Περίπου εκατόν είκοσι δολλάρια.

9. It is not very expensive.

   Δεν είναι πολύ ακριβό.

10. In Greece transportation is not very expensive.

    Στην Ελλάδα οι συγκοινωνίες δεν είναι πολύ ακριβές.

11. May I have a round trip ticket?

    Μπορώ να έχω ένα εισιτήριο με επιστροφή;

12. Of course.

    Βεβαίως.

13. How are you going to pay? With a card, by personal check or cash?

    Πώς θα πληρώσετε; Με πιστωτική κάρτα, με προσωπική επιταγή ή μετρητά;

14. By card.

    Με πιστωτική κάρτα.

15. How long is the trip?

    Πόση ώρα παίρνει το ταξίδι;

16. It takes six and a half hours.

    Παίρνει εξίμισι ώρες.

17. The train leaves at twelve midnight and arrives at six thirty in the morning.

    Το τρένο φεύγει στις δώδεκα τα μεσάνυχτα και φτάνει στις έξι το πρωί.

18. Thank you for your help and the information.

    Ευχαριστώ για την εξυπηρέτηση και τις πληροφορίες.

19. Here is your ticket.

    Ορίστε το εισιτήριό σας.

20. Thank you.

    Ευχαριστώ.

21. Which gate?

    Από ποια έξοδο;

22. Gate 22.

    Έξοδο 22.

Lesson 55

Asking for some information - Ζητώντας πληροφορίες

1. I am a stranger here.
2. May I have some information please?
3. With pleasure.
4. I do not know the town well and I cannot circulate freely.

5. It 's quite simple.
    What do you like to know?
    Where do you like to go?

6. I just wish to know the town.
7. This is the main artery of the city, the main avenue.
8. On this avenue are many govenrment buildings and department stores.
9. That building there, what is it?

10. It is the Post Office.
11. And that building there, with the flag?

12. It is the Police Station.
13. There is another building with a flag to the right, what building is it?

14. This is the City Hall.
15. What is the name of this street?

16. This is the University Street.
17. Is the University on this street?

18. Yes, it is a little further down.

---

1. Είμαι ξένος εδώ.
2. Μπορείτε να μου δώσετε μερικές πληροφορίες παρακαλώ;
3. Ευχαρίστως.
4. Δεν ξέρω καλά την πόλη και δεν μπορώ να κυκλοφορήσω ελεύθερα.

5. Είναι πολύ απλό.
    Τι θέλετε να μάθετε;
    Πού θέλετε να πάτε;

6. Απλώς θέλω να μάθω την πόλη.
7. Αυτή είναι η κύρια οδός της πόλης, η μεγάλη λεωφόρος.
8. Στη λεωφόρο αυτή βρίσκονται πολλά κυβερνητικά κτίρια, και καταστήματα.
9. Εκείνο το κτίριο εκεί, τι κτίριο είναι;

10. Είναι το ταχυδρομείο.
11. Και εκείνο το κτίριο με τη σημαία;

12. Είναι ο αστυνομικός σταθμός.
13. Υπάρχει ακόμα ένα κτίριο με σημαία στα δεξιά. Τι κτίριο είναι;

14. Αυτό είναι το δημαρχείο.
15. Πώς λέγεται αυτή η οδός;

16. Αυτή είναι η οδός Πανεπιστημίου.
17. Είναι το πανεπιστήμιο στην οδό αυτή;

18. Μάλιστα, είναι λίγο παρακάτω.

19.	Down there I see a tall building with a sign.	Εκεί κάτω βλέπω ένα ψηλό κτίριο με μια επιγραφή.
20.	That is the pharmacy building. On the first floor there is a drugstore.	Αυτό είναι το κτίριο του φαρμακείου. Στο πρώτο πάτωμα υπάρχει ένα φαρμακείο.
21.	And next to the pharmacy is the clinic. It is the white building.	Και δίπλα στο φαρμακείο είναι η κλινική. Είναι το άσπρο κτίριο.
22.	What is a clinic?	Τι είναι μια κλινική;
23.	It is a small hospital.	Είναι ένα μικρό νοσοκομείο.
24.	Is there a hospital in town?	Υπάρχει νοσοκομείο στην πόλη;
25.	Although the town is small, it has a very nice hospital.	Παρόλο που η πόλη είναι μικρή, έχει ένα πολύ καλό νοσοκομείο.
26.	Does it have good doctors?	Έχει καλούς γιατρούς;
27.	Many and good.	Πολλούς και καλούς.
28.	I hope you will not need them.	Ελπίζω να μην τους χρειαστείς.
29.	I hope so too.	Κι εγώ το ελπίζω.
30.	Is there a bookstore near by?	Υπάρχει κανένα βιβλιοπωλείο εδώ κοντά;
31.	Yes, there is. Our city is small but as I told you, it has everything.	Μάλιστα υπάρχει. Η πόλη μας, όπως σας είπα, είναι μικρή, αλλά τα έχει όλα.
32.	Do you want to go to the bookstore?	Θέλετε να πάτε στο βιβλιοπωλείο;
33.	Yes, but not now. Some other day.	Ναι, αλλά όχι τώρα. Μια άλλη μέρα.
34.	There you will find many books, magazines, newspapers and the City Guide.	Εκεί θα βρείτε πολλά βιβλία, περιοδικά, εφημερίδες και τον Οδηγό της Πόλης.
35.	You are right. With the City Guide I can go any place I want. I thank you for the information.	Καλά το λες. Με ένα οδηγό της Πόλης μπορώ να πάω όπου θέλω. Σε ευχαριστώ για τις πληροφορίες.
36.	I wish you a happy stay in our city.	Σου εύχομαι καλή διαμονή στην πόλη μας.
37.	Thank you very much.	Σας ευχαριστώ πολύ.

QUIZ NO 11

Translate the following into Greek. (Answers on the tape):

1.   Greek   The Greek language   Greece

2.   Do you know Greek?   Very little.
       Do you speak Greek?   Not very much.
       Do you read Greek?   So and so.

3.   Do you know any other languages?
       Do you know French?
       Do you know German?
       Do you know Italian?

4.   Do you speak other languages?
       What other languages do you speak?

5.   How is the weather today?
       It is cold.   It is warm.   It is snowing.   It rains.
       It is windy.   The day is rainy.   The day is warm.
       The sun is bright.   The sky is cloudy.   The night is dark.
       It is lightning.   It is thundering.   The sky is clear.
       It is humid.
       What is the temperature?
       It is 80o Fahrenheit.   It is 10 degrees Celsius.   It is freezing.

6.   The car   the train   the boat   the bicycle
       I go on a voyage.   I travel by car.   I go by train.   I fly.
       I travel by plane.   I travel by bus.   I ride my bicycle.

7.   Some information.   I like to have some information.
       When does the train leave?   What time does it arrive?
       How much is the ticket?   How long does the trip take?
       May I have a round trip ticket?   What is the number of the gate?
       Are the seats of the train comfortable?

8.   Where is the pharmacy?   Where is the police station?
       Where is the library?   Where is the hospital?
       Where can I find today's paper?   Do you have magazines?
       Do you have a city guide?   Where can I find a doctor?

(You will find the translation of these sentences on pages 106 and 107)

Translation of quiz No. 2, page 11

1. Όνομα.
2. Το όνομά μου.
3. Ποιο είναι το όνομά σου;
4. Το όνομά μου είναι ...
5. Καλημέρα.
6. Καλησπέρα.
7. Καληνύχτα.
8. Χαίρετε, αντίο.
9. Γεια σου.
10. Είμαι ο Γιάννης.
11. Είμαι ο κύριος Αναστασίου.
12. Είμαι ένας άντρας.
13. Η Μαρία είναι μια γυναίκα.
14. Η Ελένη είναι ένα κορίτσι.
15. Ο Νίκος είναι ένα αγόρι.
16. Η Σοφία είναι ένα κορίτσι.
17. Είμαι ένας δάσκαλος, μια δασκάλα.
18. Έχω λεφτά.
19. Έχω πολλά λεφτά.
20. Δεν έχω λεφτά.
21. Ένα ποτήρι.
22. Δυο ποτήρια.
23. Πέντε παιδιά.
24. Δέκα αγόρια.
25. Θέλω μια λεμονάδα, παρακαλώ.
26. Θέλω ένα ποτήρι κρύο γάλα.
27. Έχω ένα αναψυκτικό.
28. Τι θέλεις; Τι θέλετε;
29. Θέλεις νερό; Θέλετε νερό;
30. Όχι, ευχαριστώ, δεν θέλω τίποτα.

Translation of the quiz No. 4, page 21

1. Δε μιλώ ελληνικά.
2. Μιλώ πολύ λίγο ελληνικά.
3. Μιλώ λίγες λέξεις.
4. Μιλώ ελληνικά.
5. Μιλάτε ελληνικά;

6. Δεν καταλαβαίνω ελληνικά.
7. Καταλαβαίνω ελληνικά.
8. Καταλαβαίνετε ελληνικά;
9. Πάντοτε καταλαβαίνω ελληνικά.
10. Κάποτε δεν καταλαβαίνω.

11. Πολλές φορές.
12. Πάντοτε.
13. Κάποτε.
14. Πάντοτε.
15. Ποτέ.

16. Μιλάς, μιλάτε.
17. Καταλαβαίνει.
18. Μιλούν.
19. Καταλαβαίνουμε.
20. Καταλαβαίνεις. Καταλαβαίνετε.

21. Καταλαβαίνεις;
22. Καταλαβαίνει;
23. Μιλάς; Μιλάτε;
24. Μιλά;
25. Δεν μιλούμε.

26. Είμαι από την Ελλάδα.
27. Είμαι από την Ευρώπη.
28. Είναι από τη Γαλλία.
29. Είναι από την Αμερική.
30. Είμαστε από τον Καναδά.

31. Πηγαίνουμε στο σχολείο.
32. Πηγαίνουν στο μουσείο.
33. Πηγαίνεις, πηγαίνετε στα μαγαζιά.
34. Πηγαίνει στο θέατρο.
35. Πηγαίνει σπίτι.

36. Πού πηγαίνεις; Πού πηγαίνετε;
37. Πού πηγαίνοουν
38. Πηγαίνεις στο πανεπιστήμιο;
39. Πηγαίνουν στην αγορά;
40. Δεν πηγαίνουν στη θάλασσα.

B.
1. Καταλαβαίνω
2. Καταλαβαίνεις
3. Καταλαβαίνει
4. Καταλαβαίνουμε
5. Καταλαβαίνετε
6. Καταλαβαίνουν

7. Καταλαβαίνεις
8. Καταλαβαίνει
9. Καταλαβαίνουμε
10. Δεν καταλαβαίνουν.
11. Δεν καταλαβαίνεις.
12. Δεν καταλαβαίνει.

C.
1. Πηγαίνω
2. πηγαίνεις
3. πηγαίνει
4. πηγαίνουμε
5. πηγαίνετε
6. πηγαίνουν

Translation of the sentences of quiz No. 5, page 29

1. Πώς είσαι; Πώς είστε;
2. Πού ζείς; Πού ζείτε;
3. Πόσων χρόνων είσαι; Πόσων χρόνων είστε;
4. Έχεις οικογένεια; Έχετε οικογένεια;
5. Πού είναι η οικογένειά σου; Που είναι η οικογένειά σας;
6. Ποιο είναι το όνομά σου; Ποιο είναι το όνομά σας;
7. Έχεις παιδιά; Έχετε παιδιά;
8. Πόσα παιδιά έχεις; Πόσα παιδιά έχετε;
9. Έχεις δέκα δολλάρια; Έχετε δέκα δολλάρια;

10. Ο πρώτος άνθρωπος.
11. Η πρώτη γυνάικα.
12. Δέκα φορές.
13. Τρεις φορές.
14. Πολλές φορές.

15. Είμαι πρώτος.
16. (Εσύ) είσαι δεύτερος.
17. (Αυτός) είναι τρίτος
18. Δώδεκα μήνες.
19. Εφτά μέρες.
20. Ένας χρόνος.

21. Δέκα.
22. Είκοσι.
23. Τριάντα.
24. Σαράντα.
25. Πενήντα.
26. Εξήντα.
27. Εβδομήντα.
28. Ογδόντα.
29. Ενενήντα.
30. Εκατόν.

31. Ζω (μένω) στην Αθήνα.
32. Μένω στη Νέα Υόρκη.
33. Πηγαίνω στην Ελλάδα.
34. Είμαι από την Ελλάδα.
35. Ήρθα χτες.
36. Ήρθα πριν ένα χρόνο.
37. Πήγα πέρσι.
38. Ήρθε πέρσι.
39. Πήγαν.
40. Δεν πήγαν.

Translation of sentences of quiz No. 6, page 42

1. πάνω
2. εδώ HERE
3. εκεί THERE
4. Είμαι εδώ.
5. Εσύ είσαι εκεί.
6. Δεξιά. RIGHT
7. Αριστερά. LEFT
8. Μέσα. INSIDE
9. Έξω. OUTSIDE
10. Κάθισε εδώ. Καθίστε εδώ.
11. Κάθισε εκεί. Καθίστε εκεί.
12. Έλα κάτω. Ελάτε κάτω.
13. Έλα πάνω. Ελάτε πάνω.
14. Μπροστά. FRONT
15. Είναι μέσα.
16. Έλα πίσω. Ελάτε πίσω.
17. Πήγαινε μπροστά. GO IN FRONT
    Πηγαίνετε μπροστά.
18. Αυτός ο άντρας.
    Αυτός ο άνθρωπος.
19. Αυτή η γυναίκα.
20. Αυτό το παιδί.
21. Εκείνος ο κύριος.
22. Εκείνη η κυρία.
23. Αυτή τη μέρα. THAT DAY
24. Φέτος. THIS YEAR

25. Αυτά τα παιδιά. THOSE CHILDREN
26. Εκείνα τα κορίτσια.
27. Εκείνη τη μέρα.
28. Κάποιος. WHOEVER MAN
29. Κάποια. WHOEVER WOMAN
30. Όποιος.
31. Κανένας, καμιά, κανένα. NOBODY
32. Όλοι οι άνθρωποι. ALL PEOPLE
33. Όλο το νερό. ALL THE WATER
34. Πολλοί άντρες, πολλοί άνθρωποι
35. Πολλές γυναίκες. LOTS MANY MAN
36. Πολύ νερό. MANY WOMEN
37. Πολλά παιδιά.
38. Ένα αγόρι.
39. Δυό αγόρια.
40. Ένας φοιτητής. 1 STUDENT

41. Δυο φοιτητές.
42. Μια γυναίκα.
43. Τρεις γυναίκες.
44. Το αεροπλάνο.
45. Τα αεροπλάνα.
46. Μου αρέσει η πορτοκαλάδα.
47. Θέλω ένα ποτήρι κρύα μπύρα.
48. Μου αρέσει το κόκκινο κρασί WINE
49. Του αρέσει το άσπρο κρασί.
50. Θέλετε ένα αναψυχτικό; SOFT DRINK
51. Έχω πέντε πορτοκάλια.
52. Τι είναι αυτό;
53. Θέλω να φάγω.
54. Θέλω να πάω.
55. Θέλω να μιλήσω.
56. Θέλω να δω.
57. Τι θέλετε;
58. Τηγανιτά αβγά.
59. Χτυπητά αβγά.
60. Ένα ωραίο πρόγευμα. BREAKFAST
61. Μαύρος καφές. CAFE BLACK
62. Καφές με ζάχαρη.
63. Μαρμελάδα πορτοκάλι.
64. Χρειάζομαι ένα προύνι και ένα
    μαχαίρι.

65. Χρειάζομαι ένα μικρό κουτάλι.
66. Χρειάζεσαι αλάτι και πιπέρι; SALT PEPER
67. Έχω μια χαρτοπετσέτα. NAPKIN
68. Έχετε παγωτό; ICE CREAM
69. Μπορώ να έχω το μενού; ICE CREAM
70. Έχουμε όλα τα είδη παγωτών.
71. Θέλω ένα μεγάλο παγωτό.
72. Βλέπω κάτι.
73. Χρειάζομαι κάτι.
74. Θέλω λίγη ζάχαρη.
75. Θέλω ένα φλιτζάνι τσάι. TEA

- 100 -

Translation of Quiz No. 7, page 51.

1. ο γιατρός
2. ο καθηγητής
3. ο ηθοποιός
4. ο ταξιτζής
5. ο γραμματέας, η γραμματέας
6. η νοσοκόμα
7. ο αστυνομικός
8. ο δάσκαλος, η δασκάλα
9. ο οδοντίατρος
10. ο αθλητής, η αθλήτρια
11. ο ιερέας, ο παπάς
12. ο μουσικός
13. ο μηχανικός
14. ο κουρέας
15. ο φοιτητής
16. ο μαθητής
17. ο δημοσιογράφος
18. ο ναύτης

19. Ποιος είσαι; Ποια είσαι;
20. Τι είσαι;
21. Πώς είσαι;
22. Που πηγαίνετε;
23. Από πού είστε;
24. Ποιο είναι το όνομά σας;
25. Ταξιδεύετε;
26. Πώς ταξιδεύετε;
27. Πότε ταξιδεύετε;
28. Πηγαίνετε στην Ελλάδα;
29. Πόσο καιρό θα μείνετε;
30. Έχετε πάει ποτέ στην Ελλάδα;
31. Πόσες φορές;
32. Ξέρετε την Αθήνα;
33. Πηγαίνετε για παραθερισμό
    ή για δουλειά;

34. Έχετε ένα σακάκι;
35. Φοράτε σακάκι;
36. Έχετε καπέλο;
37. Φοράτε καπέλο;

38. Έχετε ρολόι;
39. Είναι αυτό το ρολόι σας;
40. Είναι τα παπούτσια σας μαύρα;
41. Έχετε ένα ζευγάρι κόκκινα
    παπούτσια;
42. Είναι αυτά τα γάντια σας;
43. Είναι αυτό το παλτό σας;
44. Είναι αυτές οι κάλτσες σας;
45. Έχετε μια βαλίτσα;
46. Τι είναι αυτό το μυρωδικό;
47. Έχετε ένα άσπρο πουκάμισο;
48. Τι αγοράζετε;
49. Τι αγοράσατε;
50. Τι θα αγοράσετε;
51. Τι χρειάζεστε;
52. Πόσο κάνει αυτό;
53. Μπορείτε να αγοράσετε αυτό;
54. Θέλετε να αγοράσετε αυτό;
55. Έχετε πιστωτική κάρτα;

56. ψωμί
57. αυγά
58. τηγανιτά αυγά
59. τομάτες
60. κοτόπουλο
61. μια σαλάτα
62. καφές και τσάι
63. γάλα και ζάχαρη
64. τυρί φέτα
65. Μου αρέσει ο καφές.
66. Μου αρέσουν τα μήλα.
67. Χρειάζομαι αλάτι και πιπέρι.
68. Μια ελληνική σαλάτα
69. λάδι και ξύδι
70. τηγανιτές πατάτες
71. Τι πίνετε;
72. Πίνω ελληνικό καφέ.
73. Χρειάζομαι λίγο τσάι.

Translation of the quiz No. 8, page 60

1. Πρέπει να πάω.
4. Πρέπει να μιλήσω.
7. Πρέπει να φάω.

2. Πρέπει να έρθω.
5. Πρέπει να πω.
8. Πρέπει να γράψω.

3. Πρέπει να δω.
6. Πρέπει να πω.
9. Πρέπει να φύγω.

10. Είναι ανάγκη να δουλέψω.
12. Είναι ανάγκη να μιλήσουν.
14. Είναι ανάγκη να καθίσει.

11. Είναι ανάγκη να δουλέψουμε.
13. Είναι ανάγκη να φας (να φάτε).
15. Είναι ανάγκη να έρθει.

16. Είναι ωραίο (είναι όμορφο).
19. Είναι γλυκό.
22. Είναι έξυπνος.
25. Είναι κοντός.

17. Είναι μικρό.
20. Είναι πικρό.
23. Είναι ψεύτικο.
26. Είναι ευτυχισμένος.

18. Είναι μεγάλο.
21. Είναι άνοστο.
24. Είναι ψηλός.
27. Είναι ευχάριστος.

28. Μιλά γρήγορα,
    σιγά,

    ωραία (όμορφα),
    τέλεια.

    ωραία (όμορφα),

29. Ήρθε χτες,
    προχτές,
    μια φορά,

    ξαφνικά,
    πάλι,
    δυο φορές

    τώρα,
    αμέσως,

30. Τρώγει πάρα πολύ,
    πολύ λίγο,

    πολύ,
    περισσότερο

    λίγο,

31. τουλάχιστο,

    σχεδόν,

    καθόλου

32. Μπορώ να έχω
    ένα ποτήρι μπύρα,
    δυο αυγά,
    μια σαλάτα,
    ένα ποτήρι ούζο,

    ένα ποτήρι νερό,
    ένα μαύρο καφέ,
    δυο τηγανιτά αυγά,
    μια απλή σαλάτα,
    ένα ποτήρι κονιάκ,

    ένα ποτήρι γάλα,
    ένα τσάι,
    δυο αυγά μελάτα,
    λίγο τυρί,
    λίγα μακαρόνια

33. Πού είναι το θέατρο;
    το σινεμά;
    ο σταθμός λεωφορείων;

    το αεροδρόμιο;
    η τράπεζα;
    ο ραδιοφωνικός σταθμός;

    το μουσείο;
    το φαρμακείο;
    ο σιδηροδρομικός
    σταθμός;

Translation of the quiz No. 9, page 75

1. Τώρα είναι
   Ιανουάριος   Φεβρουάριος   Δεκέμβριος   Οκτώβριος
   Απρίλιος   Ιούνιος   Αύγουστος   Ιούλιος

2. Τι μήνας είναι τώρα;   Τι ημερομηνία είναι;
   Τι χρόνος είναι τώρα;

   Σήμερα   Χτες   Τα Χριστούγεννα
   Την Πρωτοχρονιά   Την ονομαστική σου γιορτή
   Στις τρεις του μήνα

3. Χρειάζομαι   4. Βέβαια, βεβαίως   5. η πισίνα
6. κάθε δωμάτιο   7. κάθε ξενοδοχείο   8. κάθε κρεβάτι
9. πρώτο πάτωμα   δεύτερο πάτωμα   τρίτο πάτωμα   τέταρτο πάτωμα
   πέμπτο πάτωμα   έκτο πάτωμα   έβδομο πάτωμα   όγδοο πάτωμα
   ένατο πάτωμα   δέκατο πάτωμα

10. δέκα πατώματα   είκοσι πατώματα   τριάντα τρία πατώματα
11. ωραία θέα   θέα προς τη θάλασσα

12. μια μεγάλη πισίνα   ένα μεγάλο δωμάτιο   μεγάλα δωμάτια
    ένα καλό δωμάτιο   καθαρά δωμάτια

13. το κλειδί   τα κλειδιά   Πόσα κλειδιά;   Τρία κλειδιά

14. το εστιατόριο   η σούπα   ζεστή σούπα   κρύα σούπα
    ένα κουτάλι   ένα πιρούνι   πιρούνι και κουτάλι   μαχαίρι
    ένα μικρό μαχαίρι   ένα μεγάλο μαχαίρι   ένα μαχαίρι για το βούτυρο

15. Μπορώ να έχω μια πετσέτα, παρακαλώ;   Μπορώ να έχω ένα πιρούνι,
                                          παρακαλώ;
    Μπορούμε να έχουμε ένα καθαρό τραπεζομάντηλο;

16. Έχετε σούπα;   Έχετε κοτόπουλο;
    Έχετε κοτόπουλο ψητό;   Έχετε κοτόπουλο τηγανιτό;   Έχετε ψάρι;

17. Φάγαμε.   Τρώμε.   Δεν τρώγει.
    Τρώγετε;   Τι τρώγετε;   Φάγατε;
    Θα φάγω, θα φάω.   Δε θα φάνε.   Ο Γιάννης δεν τρώγει (τρώει).

1. τυρί
    κοτόπουλο
    αρνί, αρνάκι
    πατάτα
    ψάρι
    σαλάτα
    τομάτα
    αγγούρι
    πετσέτα
    αλάτι
    πιπέρι
    μαχαίρι

2. τρώγω
    τρώγεις
    τρώγουν, τρώνε
    έτρωγα
    έτρωγαν
    έφαγαν
    έφαγες
    τρώγει

3. Θέλω λίγο κοτόπουλο.
    Θέλει δυο μπριζόλες.
    Μπορώ να έχω ένα ποτήρι
    κρύα μπύρα;
    Προτιμάτε ελληνικό ή αμερικανικό
    καφέ;
    Θέλω να έχω λίγη σούπα.
    Δέν έχω πιρούνι ή κουτάλι.
    Θέλω μερικές τηγανιτές πατάτες.
    Θέλει μια ελληνική σαλάτα.

4. Ωραία φρούτα.
    νόστιμα φρούτα.
    γλυκά σταφύλια.
    μεγάλα μήλα.
    φρέσκα ροδάκινα.
    πολύ γλυκά κεράσια.
    γλυκό πεπόνι.
    κόκκινο καρπούζι.

5. Χρειάζομαι ένα κιλό ρύζι.
    Δώστε μου δυο κιλά ζάχαρη.
    Θέλουμε ένα κιλό καφέ.
    Θέλει ένα κιλό γιαουρτι.
    Χρειαζόμαστε λίγο τυρί.
    Και ένα κουτί τσάι.

6. βωδινό
    χοιρινό
    ζαμπόν
    αρνί
    κιμάς
    σηκώπι
    βιδέλο
    γαλοπούλα
    Ένα κιλό βωδινό;   Πόσο κάνει;
    Ένα κιλό χοιρινό;   Πόσο κάνει;
    Ένα κιλό ζαμπόν;   Πόσο κάνει;

7. Είμαι ένας άντρας.
    Έχω δυο γιούς.
    Αυτή είναι η γυναίκα μου.
    Το όνομά της είναι Ειρήνη
    Αυτός είναι ο αδελφός μου.
    Το όνομά του είναι Γιάννης.
    Αυτή είναι η αδελφή μου.
    Το όνομά της είναι Νίκη.
    Άνδρες και γυναίκες.
    Αγόρια και κορίτσια.
    Αδελφοί και αδελφές.
    Αυτή είναι η οικογένειά μου.

8. Ένα λεξικό.
    Ένα λεξικό.
    Η εφημερίδα.
    Διαβάζω την εφημερίδα.
    Έχω πολλά περιοδικά.
    Τα διαβάζω.
    Μου αρέσει η ιστορία.

Διαβάζω πολλά βιβλία.
Μπορώ να διαβάσω αγγλικά, γαλλικά, γερμανικά και ελληνικά.

9. Ένας δρόμος.
   Μια πολυκατοικία.
   Ένα διαμέρισμα.
   Δέκα πατώματα.
   Αυτή η πολυκατοικία έχει δέκα πατώματα.
   Αυτό το σπίτι έχει δέκα δωμάτια.
   Αυτό είναι το δωμάτιό μου.

Translation of the sentences of quiz No 11, page 96

1. Ελληνικά
   η ελληνική γλώσσα
   η Ελλάδα

2. Ξέρετε ελληνικά;   Πολύ λίγα.
   Μιλάτε ελληνικά;   Όχι πολύ.
   Διαβάζετε ελληνικά;   Έτσι κι έτσι.

3. Ξέρετε άλλες γλώσσες;
   Ξέρετε Γαλλικά;
   Ξέρετε Γερμανικά;
   Ξέρετε Ιταλικά;

4. Μιλάτε άλλες γλώσσες;
   Ποιες άλλες γλώσσες μιλάτε;

5. Πώς είναι ο καιρός σήμερα;
   Είναι κρύος.
   Είναι ζεστός.
   Χιονίζει.
   Βρέχει.
   Φυσά.
   Η μέρα είναι βροχερή.
   Η μέρα είναι ζεστή.
   Ο ήλιος είναι λαμπερός.
   Ο ουρανός είναι συννεφιασμένος.
   Η νύχτα είναι σκοτεινή.
   Αστράφτει.
   Βροντά.
   Ο ουρανός είναι καθαρός.
   Έχει υγρασία.
   Ποια είναι η θερμοκρασία
   Ογδόντα βαθμοί Φαρενάιτ.
   Δέκα βαθμοί Κελσίου.
   Είναι παγωνιά.

6. Το αυτοκίνητο.
   το τρένο
   το πλοίο
   το ποδήλατο
   Πηγαίνω σ' ένα θαλασσινό ταξίδι.
   Ταξιδεύω με αυτοκίνητο.
   Πηγαίνω με το τρένο.
   Πετώ.
   Ταξιδεύω με αεροπλάνο.
   Ταξιδεύω με λεωφορείο.
   Καβαλικεύω το ποδήλατό μου.

7. Μερικές πληροφορίες.   Θα ήθελα μερικές πληροφορίες.
   Πότε φεύγει το τρένο;   Ποια ώρα φτάνει;
   Πόσο κάνει το εισιτήριο;   Πόσο παίρνει το ταξίδι;
   Μπορώ να έχω εισιτήριο με επιστροφή;
   Ποιος είναι ο αριθμός της εξόδου;
   Είναι τα καθίμσατα του τρένου αναπαυτικά;

8. Πού είναι το φαρμακείο;
   Πού είναι ο αστυνομικός σταθμός;
   Πού είναι η βιβλιοθήκη;
   Πού είναι το νοσοκομείο;
   Που μπορώ να βρω τη σημερινή εφημερίδα;
   Έχετε περιοδικά;
   Έχετε έναν οδηγό της πόλης;
   Πού μπορώ να βρω ένα γιατρό;

(You will find the translation of these sentences on pages 106 and 107)